GÜTERSLOHER
VERLAGSHAUS

BÄRBEL SCHÄFER

Ist da oben jemand?

Weil das Leben kein Spaziergang ist

GÜTERSLOHER VERLAGSHAUS

Inhalt

Für

> *Kay*
> *Martin*
> *und*
> *Papa*

In Liebe, wo immer ihr seid

Vorwort

Ich bin die verwaiste Schwester meines bei einem Verkehrsunfall tödlich verunglückten einzigen Bruders. Ich war die Freundin eines tödlich verunglückten Lebenspartners. Auch ein Autounfall.

Ich habe vor zertrümmerten Wagenresten an der Autobahnleitplanke gestanden.

Ich habe auf einer kleinen ländlichen Polizeistation die restlichen blutverschmierten Habseligkeiten meines Bruders eingesammelt.

Ich weiß, wie es ist, wenn dich nachts die Polizei aus dem Tiefschlaf klingelt und drei Minuten später mit einem Seelsorger vor deiner Wohnungstür steht.

Ich weiß, wie es sich anfühlt, wenn dir der Boden unter den Füßen weggerissen wird und du keine Leitplanke im Leben mehr hast, an der du dich festkrallen kannst.

Krisen werfen uns aus der Lebensbahn, und doch muss es mit Alltag, Kindern, Ehemann, Job und Freunden weitergehen. Ausnahmezustand.

Erinnerungen kann man nicht umarmen. Trauerschmerzen sind wie Aliens, die immer wieder auftauchen und dich quälen. Die Wunden bluten über Jahre. Du denkst, sie verkrusten, aber sie aktivieren sich durch eine Erinnerung, durch das eigene Aufkratzen.

Wer kann mich trösten?
Was kommt nach der Krise?
Wie werde ich sein? Stärker? Schwächer?
Was kann mich durchs Leben tragen?

Gott war bisher keine Option. An Gott zu glauben ist irgendwie nicht cool. Ich bin kein gläubiger Mensch. Ich schaffe das alleine. Wie immer. Wie alles.

Doch was spüren Gläubige, was ich nicht fühle?

Sieht, fühlt, empfindet Gott meinen ganz persönlichen Schmerz? Oder ist der schon abgestumpft durch das Weltgeschehen und hat die innere Kündigung eingereicht?

Wie funktioniert das, die Verantwortung für das eigene Leben *nach oben* abzugeben?

Ist das erstrebenswert?

Für mich?

Ich bin eine Verwundete, eine Suchende, und ich brauche Trost. Mit dem Tod meines Bruders komme ich an meine Grenzen, weiß nicht, ob ich nicht doch eine ausgestreckte Hand greifen muss.

Ist da oben jemand?

Mission Religion reloaded kann beginnen ...

1.

Nieselregentod

Wortlos drücke ich die Hand meiner Mutter. Die Wasserspritzer der vorbeirasenden Autos klatschen an unsere Waden. Wir stehen schweigend in einer Rechtskurve an der Autobahnausfahrt Pegnitz auf der A9. Deutschland, 17.10.2013. Mittagszeit.

Vor 48 Stunden war mein Bruder Martin hier die Ursache für einen kilometerlangen Stau und eine Verkehrsmeldung im Radio. Genau hier, in der Berliner Kurve der A9, überschlug sich sein Porsche mehrfach. Meine Eltern haben vor zwei Tagen ihren Sohn und ich meinen Bruder verloren. Er war der Jüngere von uns beiden, auf dem Weg von Zürich nach Berlin und sofort tot.

Krankenwagen, Leichenwagen, Abschleppwagen.

Jahrelang habe ich mich gefragt, wer stellt Holzkreuze mit verblassenden Plastikblumen am Straßenrand auf? Wer errichtet an den endlosen Bundesstraßen und Autobahnen, die unser Land durchfasern, Miniaturgedenkstätten für verstorbene Angehörige? Wer findet darin Trost? Nie war mir klar, wem das Innehalten an einem Ort, an dem alles in Bewegung ist, nützt. Woran glauben wir Menschen, wenn wir an Grabstätten Blumen und Kränze niederlegen?

Jetzt überlegen auch wir, so etwas zu tun. Über sechs Stunden lag der Blumenstrauß auf meinem Rücksitz, ich muss mir nur einen Ruck geben und über die Absperrung klettern. Es ist eine stille, bescheidene Geste, sich niederzubeugen und Blumen zu hinterlegen. Lächerlich. Reine Verzweiflung. Mir fliegt gerade das Leben um die Ohren, und ich lege Blumen auf einem Autobahnstreifen nieder, wo sonst nur Hasen kacken oder der Bauer gelegentlich den Feldrand düngt.

Plötzlich macht man diese Dinge, will ein Zeichen der Nähe, der Liebe setzen. Wir sind eine Familie, die von einer Sekunde auf die andere den Tod in ihrem Alltag hat. Davon gibt es Hunderttausende in unserem Land. Unbedingt mussten es für Martin die Blumen aus Rachels Laden sein, denn er ist die Brücke zur heilen Welt. Es ist der hilflose Versuch, das Zuhause an den Ort der Zerstörung zu transportieren. Die sinnlosesten Handlungen, nicht komplett den Verstand zu verlieren.

Ich klettere über die Leitplanke, ein LKW hupt und rauscht weiter. Schwer atmend laufe ich, die bunten Blumen in der Hand und mit einem Kloß im Hals, den Abhang hinunter. Die Absätze meiner Boots drücken in die Wiese, auf der sein Herz aufgehört hat zu schlagen. Hier, wo ihm der Kopf vom Leib gefetzt wurde, suche ich nach Lebenszeichen, finde aber nur Flecken ausgelaufenen Motoröls, das in den winzigen Regenpfützen der Wiese glitzert.

Der Schmerz ist wieder da. Er pocht sich direkt ins Herz, breitet sich im gesamten Körper aus. Er scheint im Inneren meines Brustkorbes an Bändern zu zerren, bis mir die Luft wegbleibt. Ich öffne mein Jackett, atme durch, doch der Schmerz will mehr, er hat die Oberhand und lässt nicht los. Er drückt mir von innen das Wasser aus den Augen. Ich spüre ihn kommen, den Schmerz. Aber er schenkt mir auch etwas ganz Seltenes: Durch ihn sehe ich schärfer in die Welt. Aus den Ritzen und Narben kriecht das, was Leben ausmacht. Verlust, Tod, Liebe, Angst und Einsamkeit. Die Wundenmaschinerie läuft.

Zärtlich berühre ich die abgebrochenen Zweige am Waldrand, dessen Bäume den heranfliegenden Wagen gestoppt haben. Ich wische mir die Tränenspuren mit den herabhängenden Eichenblättern vom Gesicht, vielleicht haben sie seinen Airbag, seinen Leichnam vor zwei Tagen noch sanft berührt. Ich will das auch, ihn berühren, ihn streicheln. Meinen kleinen Bruder wieder und wieder in den Arm nehmen. Ich will, dass das hier ein Alptraum ist, aus dem ich gleich in meinem warmen Bett erwache.

Wo bist du, Martin? Nie in Berlin angekommen, und jetzt, wo finde ich dich? Unser Gesprächsfaden kann nicht durchschnitten sein, die Liebe wie mit der Rasierklinke abgetrennt. Das ist unfair. Und wenn unsere Dialoge ab sofort zu meinen Monologen werden, tut das weh. Wie soll ich diese Tatsache in mein trauriges Schwesterhirn reinhämmern? Komm zurück! Fuck.

Du warst mein Lebenszeuge, Kindheitsfreund, beruflicher Partner, Mitbewohner, Urlaubskumpel über so viele Jahre. Du fehlst mir.

Mein Herz brennt.

Ich bin nur noch halb.

Ich heule, bis meine Brillengläser von innen beschlagen und ich meine Mutter nur noch verschwommen neben der Leitplanke sehe. Langsam lasse ich meinen Blick schweifen und suche den perfekten Platz für den Blumenstrauß. Ich winke ihr zu, sie nickt. Zu zerstört, zu schwach, um ihren Arm zu heben.

Meine Mutter wollte diesen Ort sehen, an dem ihr Sohn starb. Sie wollte sich an dem Platz einfinden, an dem der Mensch, dem sie das Leben schenkte, zum letzten Mal ins Leben blickte. Ich begleite sie bei diesem Wunsch, froh, dass wir gemeinsam versuchen, den Schmerz zu teilen, obwohl jeder in seinem gefangen ist.

Kein Abschiedswort, kein Abschiedskuss. Stattdessen eine letzte SMS aus dem fahrenden Wagen *Moin. Bärbel, ab Tempo 100 flattert das Dach. Call you aus Berlin.*

Kann sie jemals wieder aus meinem Leben verschwinden, diese tiefe, schwere, lähmende Traurigkeit? Ich bin müde.

Wer kann mich auffangen? Hier im Dauerregen fühle ich keinen Boden mehr unter den Füßen, ich falle und falle in die dunkle Schwermut.

Unsere Blumen stecken jetzt am Waldrand. Ein leuchtender Fleck in alldem Grün und Braun. In wenigen Stunden sind sie verblüht. Abgeschnitten, aufgestellt, verblüht. Geboren, gelebt, gestorben. Irgendwo im Nirgendwo hat hier ein Herz aufgehört zu schlagen. Ein Leben mit Mitte 40 von einer Minute auf die andere ausgelöscht. Martin ist kein Lebensgefährte seiner Freundin, Geschäftsführer, Bruder, Sohn, Onkel, Freund oder Geliebter mehr, alles vorbei. Mausetot. Seine Anrufe, unsere Treffen, sein Alltag. Aus und vorbei. Ich bin so wütend auf ihn. Seine eigene Lebenslampe hat er mit dem Tritt auf das Pedal sinnlos ausgeknipst.

Nieselregentod.

Ich geb Gas, ich will Spaß, ich bin tot.

Plötzlich ist seiner der Name in der Todesanzeige.

Meine Jacke ist durchnässt, ich versuche, mir mit den Pulli-Ärmeln wieder klare Sicht zu verschaffen. Meine Mutter wirkt so verloren. Dünn und gebeugt steht sie an der Leitplanke, hinter ihr jagt ein Wagen nach dem anderen seinem Ziel entgegen. Ich habe Angst, zu ihr zu gehen. Wie wird sie es schaffen, weiterzuleben? Unser Familienleben steht gerade still. Mucksmäuschenstill. Nur die anderen rasen weiter. Jetzt sind es nicht mehr die anderen, jetzt sind wir es auch. Gezeichnete.

2.

Angst im Dunkeln

Der Tod klingelt Sturm.

Es ist der 15. Oktober, mitten in der Nacht. Das Dauerklingeln an der Haustür trifft mich im Tiefschlaf. Das schrille Drängen nimmt kein Ende, zwängt sich in meinen Gehörgang. Ich drücke mir das Kissen aufs Ohr und verfluche den neuen Club in der Seitenstraße gegenüber. Wahrscheinlich ein nächtlicher Klingelstreich. Ich werde schlagartig zum Schlafspießer. Mit müdem Gang schleppe ich mich zur Haustür, um komasaufenden Teenagern durch die Sprechanlage die Leviten zu lesen.

Zwei Polizisten blicken ins Kameraauge. Dienstmarken werden hochgehalten, mit der Bitte um Einlass. Ich bleibe skeptisch und verlange die Telefonnummer ihres Reviers und den Namen ihres Vorgesetzten. Gegencheck positiv. Die Beamten sind echt, unser Türdrücker summt. Polizei in the house, um zwei Uhr früh, bedeutet selten etwas Gutes. Früher haben sie uns um diese Zeit den Ghettoblaster rausgetragen, da haben wir ihr Klingeln provoziert. Aber die harten Beats pennen im Zuge der Jahresringe um die Augenfalten.

Die Beamten steigen die Stufen hoch. Schritt, für Schritt, für Schritt. Sie werden ihre Pflicht tun, aber was hat das mit mir zu tun? Als sie auf Höhe des ersten Stockwerkes sind, trage ich bereits die Jeans und das abgelegte Hemd meines Mannes sowie Panik im Nacken. Ich rieche an seinem parfümierten Hemdkragen, spüre, wie seine Hand in meine gleitet, atme tief ein.

Bei Etage zwei rast mein Fehlverhalten der vergangenen Tage als Roadmovie durch meinen verschlafenen Kopf. Diverse U-Turns über durchgehende Fahrbahnmarkierungen, die dunkelgelbe Ampel am Opernplatz, Parken in der zweiten Reihe samstags beim Gemüsehändler Badan gleich um die Ecke. Bis sie im Treppenhaus um die letzte Kurve biegen, bin ich mir einiger Schuld bewusst. Bereit, alles zu gestehen. Aber deshalb um diese Zeit eine Autofahrerin, mit zwei Punkten in Flensburg, aus dem Bett zu klingeln, wäre etwas zu dienstbeflissen, oder nicht?

Stockwerk um Stockwerk, mit festem Gang, kommt das Unglück näher. Ich fühle mich klein und hilflos.

Dritter Stock. Ich kann ihre Köpfe erkennen. Trete einen Schritt in den Flur und beuge mich über das Geländer. Kurz vor der letzten Kurve in den vierten Stock sind aus den zweien plötzlich die Schritte von drei Beamten geworden. Der dritte trägt keine Uniform. Eher eine Art beige Anglerweste, Nickelbrille, freundliches Gesicht, spärlich sprießender Bart. Typ Pettersson aus den »Pettersson und Findus«-Kinderbüchern, die bei meinem kleinen Sohn auf dem Nachttisch liegen. Ich spüre eine zittrige Angst und wundere mich, warum die den Fahrstuhl nicht benutzt haben, sondern sich mit den schweren Stiefeln nach oben kämpfen. In Krimis erscheint die Polizei doch nur persönlich an der Haustür, wenn ein Angehöriger tot ist, oder?

Diese Minuten sind meine Hölle im Hirn. Ich atme flacher, schneller. Die Nachricht kann nur schrecklich sein. Wie wird sich in wenigen Sekunden mein Leben verändern?

In der vierten Etage sind alle drei außer Atem.

Mein Herz rast. Ich friere. Ich umklammere fest die glühend heiße Hand meines Mannes, der zum Glück an meiner Seite steht. Niemand sonst gibt mir so viel Halt. Niemand sonst begleitet mich seit Jahren so intensiv durchs Leben. Er ist mein Leben, wir haben wirklich schon einige Krisen gemeinsam gemeistert, werden wir auch diese schaffen? Wird unsere Liebe stark genug sein für das, was wir jetzt erfahren?

»Guten Abend. Entschuldigen Sie die Störung.«

Wir stehen alle auf dem Flur. Ich bin wie schockgefroren. Unfähig zu handeln, bitte ich auch niemanden herein, als wollte ich unsere privaten vier Wände vor dem Unglück schützen.

»Sind Sie Bärbel Friedman, geborene Schäfer am 16.12. in Bremen?«

»Ja.«

»Es ist etwas passiert.« Der ältere, erfahrene Beamte holt tief Luft, atmet die Treppentour schwer aus. Blickt zum jüngeren Kollegen rüber und dann wieder zu mir.

Ich nicke, klar. Es ist etwas passiert, bin ja nicht behindert. Ich nehme meinen Mut zusammen und beginne mich der Wahrheit zu stellen. Check in Nanosekunden, wer lebt, wen habe ich wann, zuletzt und wo gesehen oder gesprochen? Mein Hirn gibt Gas, schaltet einen Gang höher, bevor er weitersprechen kann. In den Kinderzimmern befinden sich jedenfalls die zwei kleinen Menschen, die wir lieben und deren Leben mein Mann und ich intensiv begleiten, im sicheren Tiefschlaf. Ich atme tief ein und habe dabei das Gefühl, mich direkt in den Flur übergeben zu müssen.

»Mein Vater?« Frage ich kurzatmig. Er liegt zu diesem Zeitpunkt mit schlechten Werten in einer Herzklinik. Seit Wochen ringt ein Spezialteam um die Besserung seines Zustandes. Jede Woche versuche ich, hoch in den Norden zu fliegen. Sitze an seinem Krankenbett, baue ihn auf, führe Gespräche mit den Ärzten, lese ihm vor, erzähle Alltagsgeschichten oder halte nur still seine Hand. Das Team der Station hat meine Handynummer und ist angewiesen, mich, seine Lebensgefährtin oder Schwester direkt zu informieren, falls sich sein Zustand in der Nacht verschlechtern sollte. Ist das heute Nacht der Fall? Kämen dann Polizisten direkt an die Haustür?

»Nein, nicht ihr Vater.« Der Polizist schüttelt den Kopf, fährt sich mit dem Handrücken über die schweiß-glänzende Stirn. Er tut mir leid, es ist mitten in der Nacht. Vielleicht wäre er jetzt auch lieber bei seiner Familie.

»Meine Mutter?« Mein Mann drückt seine Hand fest in meine rechte Schulter. Seine Schwiegermutter ist erst gestern mit dem Wagen aus Norddeutschland zurück nach Frankfurt gefahren. Wir haben immer Sorge, wenn sie mit ihren 75 Jahren die vier Stunden auf der Auto-bahn unterwegs ist.

»Nein, es handelt sich um keine Frau.«

»Wer dann?«, presse ich heraus. Dieses Personen-quiz ist mies. »Warum wecken sie uns, wenn es allen gut geht?« Mein Hirn ist leer vor Angst.

»Ihr Bruder, Martin Sc...«, beginnt der ältere Beamte.

»NEIN! Mein Bruder? Nicht mein einziger Bruder! NICHT MARTIN?« Ich werde laut. »Das ist ein Miss-verständnis, der ist in Berlin, wir haben heute früh noch miteinander telefoniert. Also der ist in Berlin.« Ich wie-derhole mich.

Stille.

Der Polizist nickt wie in Slow Motion und blickt mir in die Augen. Ich sehe Tränen aufsteigen. Er klimpert mit den Lidern, kämpft seine Tränen runter. Jetzt klammere ich mich an den Türrahmen, während er weiterspricht.

»Ihr Bruder, Martin Schäfer, ist heute Mittag auf einer bayerischen Autobahn mit seinem Wagen tödlich verunglückt. Sein Wohnsitz ist, wie sie wissen, in der Schweiz, dadurch dauerten die Ermittlung und die Koordination der schweizerisch-deutschen Polizeireviere untereinander etwas länger.«

Zeitlupenstille.

Die Informationen rauschen in einer nicht realen Geschwindigkeit an mir vorbei wie Seifenblasen. Ich verstehe nicht alles. Nur, dass mein Bruder seit einem halben Tag tot ist und wir jetzt in diesem Moment, zu dieser Stunde, die entsetzliche Nachricht durch die Polizei erhalten. Mitten in der Nacht. Martin ist tot. Ich fühle mich wie in einem Hirnhamsterrad. Martin ist tot. Error. Martin ist tot. Error. Martin ist tot. Error. Das kann doch gar nicht sein. Wieder und wieder schießt es mir durch den Kopf. Martin ist tot. Ich bin gefangen in diesem Hamsterrad. Aber ich muss dringend aussteigen, aussteigen mit der Frage:

»Sind noch andere Menschen bei diesem Unfall verletzt worden?«

»Nein.«

Mittags, A9, regennasse Fahrbahn, Überschlag des Autos. Überhöhte Geschwindigkeit, nichts mehr zu machen, Details zum Unfall, die Telefonnummer der bayerischen Autobahnpolizei, wo ich ab morgen seine persönlichen Dinge abholen kann. Dem jüngeren Beamten stehen jetzt auch Tränen in den Augen, vielleicht hat er auch einen Bruder. Das Licht im Flur geht immer wieder aus, alle zwei Minuten drücke ich auf den Schalter.

Ich stehe wie gelähmt neben meinem Mann und halte den Zettel mit der Kontaktnummer der bayerischen Landespolizei fest in der Hand. Ich falte ihn langsam zusammen, stecke ihn in die rechte Hosentasche und schaue auf meine Hände. Ich fühle mich nackt, ungeschminkt.

Den Beamten mag ich nicht in die Augen blicken, ich weiß nicht, was sie von mir erwarten. Klack, Licht wieder aus. Unsere fünf Konturen stehen im Mondschein, der durch das milchige Flurfenster ins Treppenhaus fällt. Klack, Licht an. Unsere Zeigefinger treffen sich auf dem Lichtschalter. Zucke zurück und warte auf meine Tränen. Ich reibe meine Hände, ärgere mich über meine dreckigen Fingernägel. Ich muss jetzt irgendetwas sagen, aber ich kann nicht. Meine Kehle ist wie zugeschnürt. Komisch, immer schleicht sich bei mir der Dreck unter die lackierten Nägel. Morgens reinige ich sie gründlich, und am Abend sind sie schon wieder schmutzig. Wo bleiben nur meine Tränen?

Ausgelöscht. Ein Leben. Vorbei.

»Soll ich bei ihnen bleiben, ich kann ihnen heute Nacht gerne helfen?« Der dritte Kollege, der Polizeipsychologe, geschult auf das Überbringen erschütternder Nachrichten, spricht mich jetzt direkt an. Ich hebe den Kopf, er nimmt meine Hände in seine. Bislang stand er etwas im Hintergrund, seine warme Stimme dringt zu mir durch. Ein Krisenprofi, der auffängt, tröstet und sicherlich viele Stunden mit Menschen verbringt, die so einen Schock alleine verarbeiten müssen. Flugzeugabstürze, Schulmassaker, Suizide, Autobahnkarambolagen, wenn die Angehörigen in die für sie bereitgestellten weißen Zelte geführt werden, weg von den Augen der Gaffer, ist er bestimmt da. Bis jetzt hat er auch mich nicht aus den Augen gelassen. Er wirkt nett, richtig nett. Das gehört bestimmt zum Jobprofil. Das andere Gesicht der Polizei. Er fragt noch mal, ob er nicht lieber bleiben soll. Klack, Licht aus. Diesmal drücke ich auf den Lichtschalter. Er schaut mich lange an, wie ein Tier unter dem Mikroskop fühle ich mich. Welche Reaktion wird von mir erwartet? Schreien, weinen, zusammenbrechen. Stark sein. Keine Hilfe annehmen, es alleine schaffen, so kenne ich mich, so habe ich bisher das Leben gemeistert, und es überrascht mich nicht, als ich mich sagen höre: »Ich wäre jetzt gerne alleine mit meinem Mann, aber danke.«

Ich drehe mich ab, Michel und die Beamten sprechen weiter leise an der Tür. Helfen? Was gibt es denn da zu helfen? Nichts macht Martin jetzt wieder lebendig. Dabei hätte ich mir durchaus vorstellen können, mich einige Minuten einfach vom Pettersson-Polizisten in den Arm nehmen zu lassen. Wie sich so eine Umarmung von einem Profitröster wohl anfühlt? Zurückgehen an die Tür und sie doch einfordern geht ja schlecht. Der Psychologe kannte meinen Bruder nicht, das kommt mir unehrlich vor, ihn als emotionale Tankstelle zu nutzen. Im Hintergrund leises Verabschiedungsgemurmel, Händeschütteln, Dankeschön hier und Verständnis da. Die Haustür fällt ins Schloss, und nichts ist mehr, wie es war. Klack, Licht aus.

Ich bin jetzt die verwaiste Schwester meines bei einem Verkehrsunfall tödlich verunglückten einzigen Bruders.

Ich war die Freundin meines ebenfalls tödlich verunglückten Lebenspartners. Auch ein Autounfall. Warum wiederholt sich dieses Schicksal? Alte Narben brechen auf.

Von unserem grünen, durchgesessenen Familiensofa habe ich noch nie so lange durch das Dachfenster gestarrt. Bewegungslos, wimpernschlaglos sickert die

Traurigkeit in mich ein. Tränenlos und leer glotze ich in die Nacht.

Die Trauer beginnt mich wie mit einem riesigen Löffel innerlich auszuhöhlen. Meine Augen sind wie ausgetrocknet, Tränendrüsen on strike. Ich habe die Flugzeuge Kondensstreifen in den heller werdenden Himmel ziehen sehen. Es ist plötzlich fünf Uhr.

Ich muss mich duschen, um das innere Frieren zu überwinden. Auf der blauen Gummimatte rolle ich mich zusammen und lasse das heiße Wasser über die Schultern prasseln. Meine Welt steht still. Nie wieder aufstehen. Nie wieder rausgehen, den Lebensfilm einfach rückwärtsspulen. In den Abfluss davongespült werden. Dann wäre alles wieder gut. Das Frotteetuch hinterlässt vom Abrubbeln rote Striemen auf meinem Rücken. Die Kälte steigt sofort wieder aus den Knochen unter die Haut, und ich stehe erneut unter der heißen Dusche. Mein Mann nimmt mich irgendwann an die Hand und führt mich in den Tag, der zu einem der schlimmsten in meinem Leben geworden ist.

Wie sage ich es heute nur meinen Eltern?

3.

Woran glaubst du?

Im Herbst 2000 rief mich mein Vater in sein Büro. Er lehnte sich in seinem ausgeleierten Bürostuhl mit dem durchgesessenen bräunlichen Kordbezug zurück und suchte in der Schublade seines Schreibtisches nach seinen kleinen Zigarillos. Der Rauch verfing sich in den Bürogardinen, er strich sich über den Schnäuzer, schaute mich an und sagte: »Ohne Gottes Beistand hätte ich die Scheidung von deiner Mutter kaum überstanden. Auch meine zwei Herzinfarkte wohl nicht überlebt. Der Glaube war mein Trost und Anker in schwerer See.« Er zog an seinem Zigarillo. »Woran glaubst du, Bärbel?«

Ich nestelte an einem grünen Kuli herum und fixierte seine alte Schreibmaschine auf dem Regal schräg hinter ihm:

»An die Menschlichkeit. An die Liebe. Vielleicht an die Kraft der Natur. Auch wenn es dich wundert, Papa, an unser Grundgesetz.«

»Gott hast du nicht erwähnt. Warum konvertierst du dann?«, hakte mein Vater nach. »Du gehörst doch schon einer Religion an. Wir sind Christen, wir haben dich christlich erzogen. Du bist getauft, konfirmiert, hast alle christlichen Feiertage und Werte von uns mitbekommen.«

Er legte langsam Zeige- und Mittelfinder um den Zigarillo, zog den Rauch tief ein, aschte ab und sagte dann: »Man wechselt seine religiöse Heimat doch nicht wie einen Pulli. Sei doch ehrlich, hättest du dich nicht in einen Juden verliebt, sondern in einen Moslem, würdest du jetzt Muslima werden?«

Ich bückte mich, kramte nach der After-eight-Packung in seiner Aktentasche, zog zwei Schokominz-Quadrate heraus.

»Wenn Muslime eine Woody-Allen, Billy-Wilder oder Seinfeld-TV-Serie gehabt hätten – ja, warum nicht?«

Wir mussten beide lachen.

»Du weißt, wie wichtig mir Humor ist, nichts ist schöner als lachen. Wo Humor ist, da will auch ich sein.«

Mein Vater wurde gereizter und sagte: »Über Religion macht man aber keine Witze.«

»Yeap, deshalb ist das auch kein Schnellschuss. Ich lerne seit Monaten gemeinsam mit der Frau meines

Rabbiners. Ich lebe mit ihnen die Feiertage, studiere die Gebete. Seit mehr als einem Jahr stelle auch ich mir die Frage: Will ich jüdisch sein? Und noch etwas habe ich in diesen Monaten entschieden, selbst wenn wir uns irgendwann scheiden ließen, würde ich unabhängig von Michel noch immer Jüdin sein wollen.« Ich merkte, wie mein Vater sich verkrampfte. Sein Zweifel baute langsam eine Trennwand zwischen uns auf.

»Was ist am Judentum anders, besser als an meinem Christentum?«, fragte er mit roten Wangen.

»Mir gefällt, dass im Judentum der Mensch noch mehr im Mittelpunkt steht. Nimm beispielsweise das Versöhnungsfest Jom Kippur. Es ist meist im September eines Jahres, einer der höchsten jüdischen Feiertage. Gott belohnt dann die Menschen mit einem guten Eintrag ins Lebensbuch für das neue Jahr, die ihre realen Probleme, ihre großen und kleinen Streitigkeiten oder alltäglichen Unstimmigkeiten mit ihren Mitmenschen im direkten Gespräch klären.« Ich sorgte für zweifachen Schokonachschub aus seiner Tasche.

»Sich direkt bei einem Freund für seine Fehler zu entschuldigen, ist schwerer, als man denkt, Papa. Und es ist genauso eine ernstzunehmende Mitzwa, also ein Gebot, eine Entschuldigung anzunehmen. Kein Rabbiner dazwischen. Kein Beichtstuhl. Kein erst Gott und dann Mensch, sondern erst Mensch, dann Gott. Das fällt mir zum Beispiel ein.«

Papa sah nun unglücklich aus, und ich spürte, dass ich noch Überzeugungsarbeit würde leisten müssen.

13 Jahre später, im Herbst 2013, brauche ich Trost. Aber weder die Anrufe meiner besorgten Freundinnen, der Tanten und Cousinen noch die von den Kollegen in der Redaktion helfen mir. Ich stürze mich in Arbeit, versuche den Schmerz auszublenden. Das ist so effektiv, wie Elyas M'Barek nicht attraktiv finden zu wollen.

Die Frage *Und ... wie geht es dir, Bärbel?* zerreißt mich jedes Mal. Sie bringt mich fast zur Raserei. Was soll diese Frage? Wie soll es mir schon gehen? Ich verblute innerlich, ich trauere, und da haben Menschen die Chuzpe, mich zu fragen, wie geht es dir? Natürlich habe auch ich diese Frage selbst Hunderte Male gestellt, früher.

In der Zeit, als ich die Zerbrechlichkeit des Lebens noch nicht so gut kannte wie heute. Damals habe ich nicht gemerkt, dass diese Frage verdammt weh tun kann. Sie macht dem Trauernden nur noch bewusster, dass es das doch mal gegeben hat: die guten, die unbeschwerten Zeiten. Zeiten, in denen auch ich mit Leichtigkeit antworten konnte: »Super. Alles bestens.«

Heute ist es für mich unvorstellbar, dass diese Leichtigkeit mich je wieder erfasst. Ich trauere, und kein Wortpflaster hilft dagegen.

Mein Vater rät mir in diesen Tagen, das Gespräch mit Gott zu suchen. Er meldet sich jeden Tag aus der Klinik und will wissen, wie es mir geht. Vielleicht keine doofe Idee, denke ich. Vielleicht ist genau jetzt die richtige Zeit, das Gespräch mit Gott aufzunehmen. Ist natürlich etwas verlogen, gerade in einer Krise den Chef da oben das erste Mal zu kontakten. Aber egal. Vielleicht gibt es ihn. Als Einbildung. Als Trost. Und wenn es ihn gibt, hat er eine Erklärung für diesen sinnlosen Tod meines Bruders?

Das hier muss geklärt werden, wenn alle anderen immer nur mit den Schultern zucken, hat Gott vielleicht die richtige Antwort. Manchmal beginnt eine erste Begegnung mit einem Streitgespräch. Manchmal beginnt eine wunderbare Freundschaft mit einem Konflikt. Andererseits, wenn es ihn gibt, dann hat Gott am 15.10.2013 um die Mittagszeit nicht aufgepasst. Dann hat Gott da oben einfach versagt. Irgendwie gepennt. Dann trägt Gott Schuld und Verantwortung.

Ein wenig Scham überkommt mich schon, Gott die Verantwortung für das miese Fahrverhalten meines Bruders in die Schuhe zu schieben. Wie oft habe ich Martin gewarnt, nein angebettelt, langsam zu fahren. Wir kennen doch alle die Berechnungen, dass der Linke-Spur-Bleifußfahrer höchstens 15 Minuten eher am Zielort aufschlägt, als der konstant unaufgeregte 130-km/h-Fahrer. Warum dann rasen, warum dann sein Leben riskieren?

Wofür riskieren Menschen ihr Leben und das anderer? Für das Fahrgefühl, den Augenblick des Kribbelns, weil man ein Limit überschreitet. Martin hat bei diesen Gesprächen immer nur mit den Schultern gezuckt, mich müde angelächelt und gesagt:»Klar, mit deiner Familienkutsche und den Kindersitzen hinten drin musst du jetzt auf der rechten Spur schleichen. Mach dir keine Sorgen, ich hab alles im Griff.« Er liebte Autos. Auf sein wochenlanges Profi-Porsche-Fahrtraining am Nürburgring verwies er dauernd, wenn ich zu drängend wurde, mit dem Tempo runterzugehen. Raser vergessen, dass zu Hause Menschen auf sie warten, die sie lieben. Sie halten sich für unverletzbar. Sieht man ja, was dabei herauskommt, wenn Bürohengste in den Rennanzug steigen und sich den Fahrerhelm überstülpen, maßlose Selbstüberschätzung im normalen Straßenverkehr. Eine Beerdigung und eine verwaiste Familie. Ein tödlicher Trugschluss, zu meinen, alles im Griff zu haben.

Ungern bin ich als Beifahrerin in sein Auto gestiegen oder habe ihm die Kinder auf dem Rücksitz überlassen. Dauernd fuhr meine Angst mit, Martin riskierte einfach zu viel in unüberschaubaren Situationen, die ja auch oft vom Fehlverhalten der anderen Landstraßen-Vettels abhängen. Martin hat meine Sorge leider nie ernst genommen.

Ich spüre, dass ich lieber auf Gott wütend sein möchte als auf meinen Bruder. Wie kann man so leichtfertig mit diesem kostbaren Gut des Lebens umgehen? Das ist mir bis heute ein Rätsel.

Wie gerne wäre ich ab und zu wieder ein Kind, das noch an einen gütigen Gott glauben kann. Der allem einen Sinn gibt, selbst dem Tod. Während ich das denke, erinnere ich mich, wie ich begann, mit der Pubertät die Geschichten aus der Bibel nur noch für Märchen der Erwachsenen zu halten. Millionen von Menschen auf diesem Planeten glauben an etwas. Religion war mir nie ein Anker, nie Geleit durch das Leben. Gott nie eine Option. Weder habe ich für eine gute Note in Mathe noch für einen klugen Lover oder einen Schleichweg aus einer Lebenskrise gebetet. Irgendwie habe ich es nie geschafft, an ihn zu glauben. Nie das Gespräch mit Gott gesucht. Eher halte ich es mit dem hardcore evangelisch-lutherischen Style: »Strenge dich an Bärbel, dann gibt es auf der anderen Seite auch einen Bonus.«

Hilf dir selbst, dann hilft dir Gott. Ein bisschen göttlicher Vitamin-G-Beistand von oben hätte ab und zu sicherlich nicht geschadet. Vielleicht sogar manche Fehlentscheidung verhindert. Nicht schlimm. Ich trage die Verantwortung in meinen Händen, keine Schuldzuweisungen, keine Deals mit dem bärtigen Typen im Irgendwo auf Wolke sieben.

Manchmal so eine Lebensleitplanke zu haben, kann sicherlich nicht schaden. Eine Kraftquelle, die es sich lohnt, anzuzapfen. Für meinen Vater war sie schließlich eine, warum gelingt es mir nicht, den inneren Schalter umzulegen und endlich zu glauben? Zu wissen, dass mein verstorbener Bruder auf der anderen Seite gut aufgefangen wurde, dass er mich sieht. Dass sein Leben mit dem Tod nicht endet, das würde mich trösten.

Ich befinde mich noch immer in einer dunklen Trauerwolke, irgendetwas muss also passieren. Wenn ich jetzt nicht handele, laufe ich Gefahr, im Hamsterrad der immer gleichen Erinnerungsbilder hängenzubleiben.

Ein kleiner, wutschnaubender Junge auf dem Tennisplatz vom Tennisverein Süd in Bremen. Martin. Am Ende des Zusatzstudiums in St. Gallen, mit einer gebrochenen Schulter, auf dem Weg nach Brasilien. Martin. Auf Skiern in Lech am Arlberg im Anfängerkursus. Martin. Auf der Couch mit der Fernbedienung in der Hand. Martin. Mit seinem Kumpel Stefan im Fußballstadion, auf den Spuren Werder Bremens. Martin. Mit seiner Freundin an den schönsten Orten. Martin. Wein trinkend. Martin.

In mir tobt eher ein chaotischer Sturm, der in der Magenwand wie eine Flipperkugel hin- und herflitscht. Seit drei Wochen nehme ich ein Mittel gegen entzündete Schleimhäute. Mein Bruder zerfetzt mich von innen. Die Umstände zerfetzten uns als Familie. Der Alltag muss organisiert werden, das Leben dreht sich weiter, nur Martin liegt unter der Erde in dieser beschissenen Holzkiste.

Darf ich Räume des Gebetes betreten, ohne zu glauben? Früher, feiertags, an der Seite meiner Eltern, war das bereits in der Kirche so und heute in der Synagoge ebenfalls. Manchmal komme ich mir vor wie eine kleine Glaubensbetrügerin. Ich bin drin, obwohl ich nicht an dich glaube. Wird es außer mir jemand merken? Wie soll ich mit jemandem reden, dem ich nicht in die Augen schauen kann? Nutzt Gott Facetime?

Jetzt, konfrontiert mit dem Tod, greife ich nach jedem Strohhalm, selbst nach Gott. Ich stelle mir die Begegnung mit ihm vor wie eine Liebe auf den ersten Blick. Es passiert einfach oder eben nicht. Glauben kann man nicht erzwingen. Ein kluger Mann sagte mir mal, durch Argumente wird man nicht fromm. Religion ist irrational. Ein Gefühl eben.

Das letzte *Warum* bleibt im Glauben ohne Antwort. Wie soll ich als denkende, vernunftorientierte Frau dies hinnehmen? Habe ich nicht immer den Zweifel, die Frage nach dem Warum gestellt, weil ich überzeugt bin, dass es Antworten gibt, auch wenn der Mensch sie heute noch nicht kennt? Kann man Gott und Religion in sich tragen und zugleich denkend und mit Argumenten durchs Leben gehen? Der Glaube erträgt keinen Zweifel.

Keine Ahnung also, wo ich Gott treffen könnte. Vielleicht im Online-Meet-and-Greet eines Gott-Portals, im Konzert, bei Friendscout, beim Sex, bei Tinder, im Fit-

nessstudio oder am Samstagnachmittag an der Super-
marktkasse?

Jedenfalls suche ich ihn in den ersten Tagen nach dem
Unfall. Auch und weil ich jemandem die Schuld in die
Schuhe schieben möchte. Jemandem, dem ich meine
gesamte Wut über diesen ungerechten Verlust, in einer
Schubkarre voll Zorn, einfach vor die Füße kippen will.
Mit dem verzweifelten Aufschrei: »Mach meinen Bruder
wieder lebendig. Tu etwas! Wer, wenn nicht du, kann das,
Allmächtiger?«

Wenn dieser Gott ein lieber Gott wäre, dann dürfte
er mir nach dem Ausraster natürlich nicht böse sein und
müsste mich in seinen warmen Mantel des Vertrauens
hüllen.

Martin ist tot. Hast du geirrt, Gott?

Hast du einen Fehler gemacht? Schiebt Gott vielleicht
Themen unter den Teppich? Guckt er weg wie wir? Ver-
schläft er seinen Dienst? Verschließt er die Bürotür und
gibt nur vor zu arbeiten, wendet Notlügen an, wie wir
Menschen auch, wenn wir Mist bauen? Verschiebt selbst
Gott unangenehme Dinge einfach auf die kommende
Woche? Was wäre, wenn Gott gerade seine Mails ge-
checkt, sich einen Augenblick um die Brandherde der
Welt gekümmert hat, als mein Bruder mit 170 km/h bei
Nieselregen auf der Autobahn von der Fahrbahn abkam.
Oder hat er Martins Schutzengel gerade für diesen Tag
den Urlaubsantrag genehmigt?

Was für ein Gott bist du? So fehlerhaft wie der Mensch? Bist du ein guter oder ein böser Gott? Oder spielen in deiner Himmelswelt solche irdischen Kategorien keine Rolle? Wie kannst du das Leid, das Sterben, die Trauer zulassen, wenn du so mächtig bist? Hast du sie sogar veranlasst? Naturkatastrophen, sinnlose Kriege, erbitterte Feindschaften, Diktatoren, die ihr Volk ausnutzen, Terror, Hass auf das Fremde, vergewaltigende Männer, Schulmassaker, Germanwings-Absturz, Bomben im Urlaubsparadies, Kindesmisshandlungen, Messerattacken auf Oberbürgermeisterkandidaten, illegale Autorennen auf dem Kölner Ring. Du, Gott, trägst Verantwortung. Du darfst dir keine Fehler leisten. Hast du denn an all diesen Tagen deine Arbeit an einen billigen Subunternehmer delegiert und die Jungs haben den ganzen Tag nur auf ihren Smartphones herumgetippt, weggeschaut?

Wenn mein Vater mit mir über Gott spricht, spricht er über Liebe. Ich bin 50 geworden, ohne Gott je geliebt zu haben. Ich liebe Menschen. Ich muss die, die ich liebe, greifen, berühren, umarmen und mit ihnen zusammenleben können. Meinen Mann, meine Kinder, meine Mutter, meine Freunde. Diese Liebe ist stark, im Austausch. Im Dialog. Im Streit. Sie kostet mich verdammt viel Kraft, schenkt mir aber noch mehr davon. Und trotzdem, plötzlich suche ich auch nach dir. Will dir begegnen. Im Widerspruch zu allem, was ich bisher gelebt habe.

Was erwarte ich eigentlich von dir? Vielleicht gelangt man zu Gott, wenn man es am wenigsten erwartet. Ich bin durch die Liebe unerwartet hoch geflogen und weit getragen worden. Ich bin durch die Liebe gewachsen, gesehen worden. Wird mir das auch im Glauben gelingen?

In der Zweisamkeit der Partnerschaft gibt es dauernd die Gefahr des Absturzes. Kennen wir alle, wer nicht aufpasst im Miteinander, landet superschnell von Wolke sieben zurück im grauen Alltag. Wie belastbar ist die Nähe zu Gott, wie viel Beziehungsarbeit muss ich investieren? Da fehlt mir jede Erfahrung. Es gibt ja wenig, was ich in meinem Alter zum ersten Mal mache, diese Reise gehört dazu. Liebe bedeutet Vertrauen, ich vertraue mir und handele angstfrei in meiner Neugier.

Warum sollte ich aber als Frau Gott und den Religionen vertrauen? Die Gedanken flashen immer wieder dazwischen, sie werden nicht zur inneren Handbremse, ganz beiseite kann ich sie aber auch nicht schieben. Warum sollte ich nach uralten Regeln leben, die vor Hunderten von Jahren von Männern gemacht wurden? Warum soll ich etwas für wahr annehmen, was sich längst als falsch erwiesen hat? Warum soll ich etwas huldigen, was auf diesem Planeten zu so viel Blutvergießen geführt, Kriege entfacht, Regionen verfeindet und Familien getrennt hat?

Andere Menschen können das doch auch. Wie machen sie das? Ist da etwas, dem ich nachgehen sollte?

4.

Reise
der Trauer

Am übernächsten Tag wird der Schicksalsschlag unserer Familie öffentlich. Verbreitet sich über die Mediendienste, landet auf den Titelseiten und bei den Onlineredaktionen. Bei RTL-Exclusiv und bild.de sprechen die »engen Freunde«. Wer sind die eigentlich? Meine engen Freunde sprechen nicht hinter meinem Rücken in Mikrofone, verbreiten nichts Privates. Keiner kennt diese »engen Freunde«. Sie sind immer namenlos. Die Redaktionen streuen damit Gerüchte oder benutzen sie als Vehikel für halbgares Wissen. Das Drehmaterial vom Unfallort stellt ihnen ein Regionalsender zur Verfügung. Der anonyme Tote vom Dienstagmittag, der um kurz vor halb eins auf der A9 bei Pegnitz starb, bekommt einen Namen. Martin Schäfer.

Der Einsatzleiter der Polizei Bayern, Stefan U., schildert den Unfall so:

Ein 46-jähriger Schweizer PKW-Fahrer hat auf der linken Spur mit 160–180 km/h bei regennasser Fahrbahn die Kontrolle über sein Fahrzeug verloren. Er ist ins Schleudern gekommen, über alle drei Fahrspuren rüber und dann in die rechte Leitplanke eingeschlagen. Da ist der PKW ausgehoben worden und hat sich auf der angrenzenden Wiese mehrfach überschlagen. Ca. 150 Meter später, kurz vor dem Waldstück, ist der Wagen liegen geblieben. Bei dem Unfall ist der Fahrer wohl schon bei den mehrfachen Überschlägen vor Ort gestorben, was der Notarzt auch schon festgestellt hat. Der PKW-Fahrer war sofort tot.

Jeder, der googeln kann, sieht sofort im Netz den schwarzen Plastiksack, unter dem die zerfetzten Überreste meines Bruders liegen. Jeder sieht den schrottreifen, demolierten, ramponierten und fahruntüchtigen Sportwagen von Martin, an dem die Grassoden der Überschläge kleben. Ein Klumpen Blech am Waldrand, das bittere Ende der Selbstüberschätzung. Seine dunkle Tasche steht einsam im Nieselregen. Ein aufgeplatzter Airbag. Blutflecken. Das Einladen des Blechsargs mit seiner Leiche in den Wagen des Beerdigungsinstituts kann ebenfalls begafft werden. Ein ungewollter öffentlicher Abgang. Er beschämt ihn und mich auch.

Ungefragt drehen Kamerateams an Autobahnen die Toten und Verletzten. Zeigen die schrottreifen Blechhaufen. Lauern die mit ihren Kameras im Gebüsch? Hören sie den Polizeifunk ab? Wieso sind sie da, wenn die Toten noch warm sind? Unfälle, egal ob mit oder ohne Todesfolge. Egal ob mit oder ohne Genehmigung der Angehörigen, es wird die Kamera draufgehalten. Alles wird ungefragt ins Netz gestellt, wird damit Allgemeingut. Na ja, wenigstens erfährt der Pendler in den regionalen Abendnachrichten, warum er an der Ausfahrt im Stau gestanden und 15 Minuten seiner kostbaren Lebenszeit verloren hat. Ein Klick am Laptop und Martins Tod gehört auch dir. Was der Pendler nicht erfährt, ist, dass diese immer wieder abrufbaren Bilder tiefe Spuren in die Herzen der Angehörigen graben. Auch ich muss mich zwingen, nicht wieder und wieder die Stichworte: *Martin Schäfer, Autounfall, Bayern* im Netz einzugeben. Ich versuche, den Computer nicht aufzuklappen. Mir fällt es schwer. Irgendwo versuche ich von Martin noch ein privates Detail, ein Zeichen, den noch so kleinsten Hinweis, zu entdecken. Die Bilder haben einen geradezu ekelerregenden Sog für mich. Sie suggerieren Nähe zu seinen letzten Lebenssekunden und zeigen doch nur den grausamen Tod.

Für mich waren die ersten 24 Stunden nach dem Unfall ein Wettrennen gegen die Zeit. Keine Tochter will, dass ihre Eltern vom Tod des eigenen Sohnes aus der Zeitung erfahren. Keine Tochter möchte der Bote dieser traurigen Nachricht sein. Ich bin jetzt aber das einzige Kind meiner Eltern, ich muss es tun. Wer, wenn nicht ich?

Ich habe am Morgen nach dem nächtlichen Besuch der Polizei lange geduscht. Wieder und wieder den heißen Wasserstrahl über meine Schultern laufen und ihn sich mit den Tränen vermischen lassen.

Um sieben Uhr dreißig klingele ich bei meiner Mutter an der Haustür. 3. Stock Etagenwohnung. Eine ruhige Wohnstraße. Frankfurt Stadtmitte. Auf meinem rosa Hollandrad bin ich zu ihr gefahren, der Fahrtwind hat gutgetan. Mein Herz klopft mir bis zum Hals. Mit welchen Worten sagt man seiner Mutter, dass ihr eigener Sohn tot ist? Gibt es dafür die richtigen Worte? Wie wird sie reagieren? Die Mutter, die dieses Kind, meinen Bruder, geboren hat, die in den schlaflosen Nächten an seinem Bett gewacht, ihn beim Tennis angefeuert, bekocht, bespaßt, beschützt und ihn durch Windpocken und Keuchhusten gesund gepflegt hat, lag noch bis eben ahnungslos im Bett. Sie wird in wenigen Minuten erfahren, dass ihr einziger Sohn verunglückt ist. Ich habe furchtbare Angst.

Meine Mutter ist eine Frau, die ihre eigenen Eltern ganz früh verloren hat. Kriegskindergeneration. Eine Mutter, die vielleicht auch nicht immer alles richtig in unserer Erziehung gemacht hat. Eine Mutter, die ihren Sohn liebte. Aus der Ferne, aus der Nähe. Mit allen Unsicherheiten, Zweifeln, Veränderungen und Widersprüchen.

Martins Mutter ist meine Mutter. Ihr muss ich nun direkt ins Gesicht sagen: »Mama, dein Sohn ist tot.« Warum muss mir so etwas passieren? Ich will umdrehen, nicht an dieser weißen Tür klingeln. Ich will am liebsten kneifen, feige oder unsichtbar sein. Da summt der Türöffner.

»Bärbel?«, ruft sie ins Treppenhaus.

Ich kämpfe gegen die Tränen an. »Ja, Mama.«

Sie ahnt nichts und steht verschlafen im Türrahmen. »Was gibt es? Warum klingelst du mich aus dem Bett?« Die letzten Stufen schleppe ich mich hoch, ihre Haustür steht offen.

»Willst du einen Kaffee? Komm rein, es zieht.« Sie dreht sich um und geht schon wieder in Richtung Küche. Ich lege meine Jacke auf ihren weißen Stuhl im Flur. Schließe leise die Haustür. Die Verzweiflung, nicht die richtigen Worte zu finden, wird größer. In meinem Beruf muss ich immer die richtigen Worte finden, sensibel sein, mich auf eine Situation oder einen Menschen einstellen. Aber jetzt im Wohnzimmer meiner Mutter versagen alle diese Erfahrungen. Mit dem Ärmel wische ich mir über das Gesicht, klatsche mir kräftig mit den Handinnenflächen auf die vom Radfahren sowieso schon rötlichen Wangen. Das Kaffeewasser kocht, und sie setzt sich neben mich auf das Sofa, guckt mich lange an.

»Warum sind deine Wangen so rot, Schatz? Wirst du krank?« Ihre Hand legt sich fürsorglich auf meine Stirn, als wäre ich wieder acht Jahre alt. »Bärbel, du zitterst ja. Was ist los?«

Meine Mutter wird erst blass wie die weiße Raufasertapete hinter ihr. Dann wird sie laut.

Sehr laut. Diesen Aufschrei werde ich mein Leben lang nicht vergessen. Ein markerschütternder Mutterschrei. Er zersprengt mir das Herz in tausend Teile. Sie wiederholt immer und immer wieder die gleiche Frage:

»Wie konnte das passieren?

Wie konnte das passieren?

Wie konnte das passieren?

WIE KONNTE DAS PASSIEREN?«

Sie klingt wie eine Platte, die hängt.

»Martin ist nicht tot, darauf bestehe ich. Das kann nicht sein, er ist doch nicht tot.«

Ich sage nichts. Streichele ihren Unterarm. Drücke ihre Schultern. Versuche zu beruhigen, wo ich kann. Dabei fühle ich mich hilflos. Ihr Schmerz ist mein Schmerz, ist unser Schmerz. Etwas fühlt sich falsch an. Eltern sollten nicht ihre Kinder begraben.

Sie starrt auf den Fußboden. Weint ganz still. Ich halte sie im Arm, Mama wirkt plötzlich so dünn und zerbrechlich. Die Fassungslosigkeit hängt im Wohnzimmer. Wir können nichts mehr tun, außer die schwere Reise der Trauer anzutreten. In bin in meinen Gedanken schon bei meiner nächsten Reise. In zwei Stunden geht der Flug zu meinem Vater.

Meine Mailbox ist voll. Die Nachricht vom Tod meines Bruders spricht sich wie ein Lauffeuer herum. Viele von Martins und meinen Freunden rufen an, sind fassungslos. Einige wollen bei mir sein, andere eine Internettrauerseite einrichten. Alle wollen mir alte Geschichten von sich und Martin erzählen. Thomas, seinen besten, längsten Freund aus Kindertagen, klingele ich in Amerika aus dem Bett. Er wird sofort seinen dortigen Job unterbrechen, sich den ersten Flug zurück nach Europa buchen, will im Lande sein. Er fühlt sich auch wie amputiert, steht unter Schock.

Ich informiere Onkel, Tanten und Cousinen. Freunde und Kollegen. Mit jedem Anruf fällt mir das Reden schwerer. Die Bilder des Grauens werden immer größer. Wie unterschiedlich alle reagieren. Einige schreien kurz auf, andere atmen schwer, müssen sich setzen, stoßen Geräusche aus, lenken mit irgendwelchen Nebensächlichkeiten von der Schwere der Wirklichkeit ab, sie reden durch oder eben gar nicht mehr.

In weniger als 30 Minuten hebt das Flugzeug nach Bremen, zu meinem Vater, ab. Es ist elf Uhr, in seiner Herzklinik gibt es gleich Mittagessen.

Noch hat niemand mit ihm gesprochen, es wird meine Aufgabe sein. Zeitungen liest er kaum noch. Ich steige ins Flugzeug und dämmere einige Minuten auf dem kurzen Flug gen Norden. Altes Heimatland. Flach, vertraut mit den roten Ziegelhäusern und den weißen Villen am Osterdeich. Das Logo des SV Werder begrüßt mich bei der Landung, ein Sonnenstrahl bricht durch die zerkratzte Lufthansascheibe. Ich steige ins Taxi, will schweigen, aber der Fahrer hat lange Jahre zur Nachmittagszeit Fernsehen geguckt. Fragt mich und sich, was wohl aus den vielen Gästen geworden ist und wann ich wieder im Fernsehen einen TV-Talk moderiere. Ich zahle, klappe den Mantelkragen hoch, winke beim Rückgeld ab, schlage die Autotür hinter mir zu und betrete das Krankenhaus.

Der Oberarzt erwartet mich im Eingangsbereich der Station. Der Zustand meines Vaters ist extrem labil. Wir wissen nicht, wie lange er noch leben wird. Ich habe den Doktor um Rat gebeten, ob ich ihm die Nachricht überhaupt überbringen darf. Natürlich habe ich Angst, dass sein schwaches Herz unter Schock plötzlich versagt. In meiner Fantasie sehe ich mich das Krankenzimmer betreten und für den direkten Tod meines Vaters verantwortlich zu sein.

Er war sein ganzes Leben lang ein Handlungsreisender. Ein selbständiger Geschäftsmann. Mittelstand. Mein Vater hat Duschkabinen in Ostfriesland verkauft. Nie mit den ganz großen, eher mit den kleineren Abschlüssen. Nie mit dem ganz großen unternehmerischen Mut. Mein Vater mochte kein Risiko, Sicherheit war ihm das Wichtigste. Vielleicht hat ihn die Scheidung von meiner Mutter noch ängstlicher gemacht. Wofür das ganz große unternehmerische Risiko in einem kleinen Familienunternehmen eingehen, wenn keiner mehr mitzieht am Strang. Er war immer ein Familienmensch, die Woche über mit seinem Auftragsblock auf Tour in Norddeutschland, nah dran am Kunden und dessen Sorgen. Nach der Trennung war er auf sich gestellt, aß am Abend alleine seine Wurstbrote mit den kleinen Gewürzgurken, schaute Tagesschau, erledigte die Post, Ablage, zahlte Rechnungen, ging zum Fußball ins Weserstadion. Lernte über eine Annonce in der Lokalzeitung Heide, seine neue Liebe, kennen. Jetzt liegt er im Krankenbett und kann kaum schmerzfrei bis zum Klo laufen.

In der Klinik wird er täglich von seiner Freundin und seiner Schwester, Elisabeth, besucht. Herz und Lunge funktionieren nicht mehr richtig. Operieren wäre zu riskant. Sein Körper pumpt sich voll Wasser. Die Beine schwellen an zu dicken, wabernden, platzenden Hautschläuchen. Er atmet schwer und flach. Er war immer ein Mann der Wahrheit. Ihm zu verheimlichen, dass sein Sohn tödlich verunglückt ist, wäre falsch.

Ich nehme mein Herz in die Hand und klopfe an die grüne Zimmertür auf der *Station Sylt*. Sehe, wie sich die blauen Augen meines Vaters freuen. Er streckt mir die müden Arme entgegen und begrüßt mich voller Glück. Er glaubt an einen spontanen Überraschungsbesuch seiner Tochter, fragt nach den Enkeln. Eine willkommene Abwechslung im öden Klinikalltag. Der Oberarzt nickt mir aus dem Türrahmen zu und schließt leise die Tür. Er wird davor stehen bleiben, bis ich den Raum wieder verlasse.

Am Nachmittag dieses Tages bin ich ein anderer Mensch.

Eine andere Tochter.

Der Tod ist unter meine Haut gekrochen.

5.

Lametta

Weihnachten.

Seit neun Wochen ist mein Bruder tot.

Die harte Realität bricht in meinen Alltag ein. Martin war unverheiratet und kinderlos. Mein Vater ist in der Klinik und meine Mutter zu fertig, um sich im Detail um alle weiteren Dinge zu kümmern. Sie sind die Eltern, sie müssten Martins Tod abwickeln, im Leben ihres Sohnes aufräumen. Aber sie sind alt. Der Tod hat bei beiden tiefe Spuren hinterlassen. Sie schaffen es nicht mehr alleine und bitten mich um Hilfe.

Steuerberater fragen nach Belegen, Berge von Post müssen bearbeitet werden, der Totenschein wird verlangt, Telefon-Abos, Bankverbindungen, Mitgliedschaften müssen gekündigt, Autos abgemeldet werden. Seine Freundin hilft und unterstützt, schickt kartonweise Leitz-Ordner. Neben meinen eigenen Rechnungen zahle ich nun, in Absprache mit meinen Eltern, die ausstehenden Rechnungen meines Bruders, sitze über Einkommenssteuererklärungen für einen Toten.

Seine Berliner Arbeitgeber melden sich, benötigen Konzepte, dringende Mitarbeiterinformationen, Zahlungsmodalitäten vom völlig zerstörten Computer. Martin hatte alle Informationen in einer Computertasche, und die hat Schaden genommen. Bedauerlich, wenn man nicht automatisch ein Back-up für alle Daten installiert. Freunde wollen ihr an Martin verliehenes Geld sofort zurück, machen Druck, werden unangenehm, dabei braucht alles seine Zeit. Notwendige Formulare müssen erstellt werden, bevor meine Eltern Zugang zum Konto erhalten. Computer-Nerds legen Extraschichten ein, um für die Steuerberater wichtige Restinformationen aus dem Laptopschrott zu ziehen. Ich schlafe kaum noch. Bürokratie kann dich ersticken, die Erbschaftsformalitäten laufen im Schneckentempo an. An vielen Abenden lag meine kleine Familie bereits im Bett, und ich wühlte mich durch die Berge von unsortierten Belegen. Ich lerne in diesen Wochen viel im Umgang mit Banken, Anwälten und Zahlungsverhalten anderer.

Mitarbeiter anonymer Mietwagenfirmen sprechen mir am Hörer ihr Beileid aus. Eine tiefe Müdigkeit, Erschöpfung macht sich breit. Ich könnte mich im Café Brenman direkt unter die Kuchentheke legen und dort gleich mehrere Tage durchschlafen. Diese schleppende Körperschwere begleitet mich durch die dunklen Tage. Ich esse zu viel Junkfood und Kinderschokolade als Nervennahrung. Selbst die große Familienpackung der braun-weißen süßen Riegel spendet keinen Trost, wenn der Schweizer Steuerberater für die Erbschaftssteuer schon wieder fünf neue Belege anfordert. Ich will alles hinschmeißen, mein altes Leben zurück. Wann hört das auf? Ich will diese Verantwortung von mir stoßen wie eine unangenehme Krankheit. Stattdessen stecke ich wieder und wieder den Kopf in die Kartons und lasse Zettel über Zettel durch meine Finger fahren. Scanne, maile und laufe regelmäßig zur Postfiliale im Kiosk an der Ecke. Pflichtbewusst, wie ich erzogen wurde.

Ich bin traurig, komme aber nicht zum Trauern. Die Abwicklung des Todes über deutsche und schweizerische Grenzen hinweg müllt mich und meinen Schreibtisch zu. Ich bin furchtbar genervt, auch weil diese Verantwortung natürlich eigene Projekte auf Eis legt. Meine Ungeduld bekommen zuerst mein Mann und die Jungs ab. Ich habe mich ihnen gegenüber in den letzten Wochen versucht zu verstellen. Kaum vor ihnen geweint. Ich kann nicht mehr. Ich gehe auf dem Zahnfleisch. Will entweder nur noch in den Arm genommen oder ganz in Ruhe gelassen werden. Langsam sickert unter meine

Hirnrinde, dass mein Bruder weder im Urlaub noch auf einer Auslandsreise ist. Sein Tod ist endgültig.

Mein Mann und ich haben uns ein Jahr nach dem Tod meines damaligen Lebensgefährten Kay kennengelernt. Auch er ist tödlich mit dem Auto verunglückt. Michel hatte damals bereits seine Eltern, seine Großmutter und einen guten Freund Ignaz begraben. Er hat Monate auf Intensivstationen und in Kliniken verbracht, Abschied genommen und getrauert. Vielleicht hat ihm diese Erfahrung die unglaubliche Sensibilität und Geduld gegeben, mir immer wieder zuzuhören. Mich über so viele Konflikte und schwierige Phasen hinweg zu begleiten. Er kann so wunderbar zuhören, einfach da sein. Im entscheidenden Moment handeln, mich durch das Leben tragen. Ohne ihn, ohne seine Liebe, hätte ich die letzten Monate nicht geschafft. Ich liebe ihn dafür jeden Tag ein Stückchen mehr.

Nach Chanukka und über Weihnachten muss er für ein paar Tage nach Israel. Ich bin alleine mit den Kindern und meiner Mutter. Das erste Weihnachtsfest ohne meinen Bruder. Der 24. Dezember war seit Jahren Martins Lieblingsfeiertag. Er war verrückt nach Weihnachten. Schon Monate zuvor erstellte er Geschenkelisten und überlegte, wem was genau Freude bereiten würde. Dabei scheute er weder Kosten noch Mühe. Wo, wie und mit wem er diesen für ihn so wichtigen Tag verbrachte, plante er bereits im Spätsommer, während wir noch versuchten, die Restbräune des Sommers zu verlängern. Vielleicht weil wir Scheidungskinder sind und es seit der Trennung keinen dekorierten Baum mehr gab. Vielleicht weil er einfach nicht gerne alleine war. Vielleicht weil er als Teenager zuletzt gemeinsam mit unseren Eltern Weihnachten zelebriert hat und die Familien seiner Freundinnen und Freunde ihm diese Nähe ersetzen sollten. Noch viele Jahre nach dem Abitur fuhr er nach Bremen, zog nach der Bescherung mit seinen Freunden durch die Clubs, traf alte Klassenkameraden, Wegbegleiter. Martin hat Weihnachten geliebt. Er hat an diesem Abend gerne gut gegessen, andere beschenkt und glücklich, mit einem Glas Rotwein in der Hand, auf Berge von Papier geguckt.

Ich möchte Martin an diesem Weihnachtsabend nahe sein und verspüre die Lust, nach Jahren mal wieder eine Mitternachtsmesse zu besuchen.

Frankfurts Straßen sind menschenleer.

Stille ist eingekehrt. Alle Geschenke sind ausgepackt. Gänsebraten oder Kartoffelsalat mit Würstchen sind verzehrt. Die Verwandtschaft ist angereist, Tannenduft zieht durch die Wohnungen, Räuchermännchen haben ihren Duft verströmt, Gedichte wurden aufgesagt, es wurde in Flöten gesabbert, aufgeregte Kinder haben durch Schlüssellöcher geguckt, und irgendwo hat eine

Großmutter sicherlich mit dem Glöckchen geläutet. Das Weihnachtsritual legt sich langsam in den Schlafmodus. Die Kerzen am kleinen Christbaum meiner Mutter sind längst ausgeblasen.

Was bedeutet Weihnachten für Familien heute? Ist das Herzstück dieser Feiertage noch die Geschichte der kleinen Familie, die damals eine Herberge in der Nacht suchte? Wie viele Menschen werden auch in diesem Jahr wieder gottesfürchtig auf ihren Kirchenbänken sitzen, sich die Story von Maria und Josef anhören, aber die restlichen 364 Tage vielleicht gegen Flüchtlinge gehetzt haben? Weihnachten ist für viele Menschen nur noch Shopping-Stress. Online wird der Warenkorb angeklickt. Hektische Besuche bei Verwandten, denen man eigentlich nur noch wenig zu sagen hat. Das Innehalten, Lebenschenken und Schutzbieten wird im Alltag leider viel zu oft vergessen.

Vierspurige Kreuzungen, an denen ich sonst Minuten kostbarer Lebenszeit im Stau verbringe, sind in dieser Nacht autofrei. Ich rieche noch nach dem Schnitzel meiner Mutter, der Kalbsfleisch-Butterduft hängt in meinem Wintermantel, die Kinder liegen im Bett.

Das Glockengeläut zieht mich zur Frankfurter Liebfrauenkirche. Seit 1917 ist sie Klosterkirche der Kapuziner. Sie gehört seit der Säkularisierung zu den Frankfurter Stadtkirchen und geht zurück auf die Stiftung einer Kapelle *Zu Ehren Unserer Lieben Frau* um 1318. Ein beeindruckender gotischer Bau, mehrfach im Krieg zerstört, berühmt für die Pieta mit dem Stiftswappen. Diese Figur stand ursprünglich mal an der alten Frankfurter Stadtmauer hinter der Kirche, wo der junge Goethe sie wiederholt gesehen hat und ihr später in *Faust I.* ein Denkmal setzte. Die Kirche liegt mitten in der Mainmetropole. Sie ist Sammelpunkt vieler Obdachloser, Gestrandeter und Bettler. Bei Wind und Wetter sprechen sie die Bürger an, die mit ihren Einkaufstüten durch die Liebfrauengasse hasten. Auch heute liegt vor dem zweiflügeligen Portal ein gebückter Mann, dessen Alter schwer zu schätzen ist. Er streckt den Gläubigen seine Hand entgegen. An diesem Abend finden sich mehr Euros als sonst in seinem kleinen verrosteten Becher.

Am Heiligen Abend sind Herzen einfach weicher.

Ich gehe an der Außenmauer der Kirche an den Reliefs aus dem Marienleben vorbei. Mariä Verkündung, Anbetung der Könige und Flucht nach Ägypten. Die Bilder der Schmerzensmutter verstehe ich erst, seitdem ich selbst Kinder habe. Die Aufnahme Marias in den Himmel. Ich bin sentimental. Nicht katholisch. In die Nähe des Herrn kommt man nicht durch eine leichte Schwingtür, diese Kirchentür will richtig mit Muskelkraft bedient werden. Einen winzigen Moment habe ich Sorge, nicht reinzukommen. Meine Jacke riecht noch immer nach dem Weihnachtsessen.

Zwei Missionarinnen der Nächstenliebe treten durch die nächtliche Kirchentür. Das weiße Gewand ist ihr Erkennungsmerkmal. Immer mit einem blauen Streifen um den Kopfschleier. Sie versorgen die Ärmsten der Armen im Frankfurter Bahnhofsviertel. Sie leben streng nach ihrem Vorbild, der heiligen Mutter Teresa aus Kalkutta. Weltweit handeln sie zum Wohle der Mitmenschen, im Namen Gottes. Mit jedem Bedürftigen sprechen sie nach ihrem Besuch ein gemeinsames Gebet. Das Missionieren verlieren sie dabei nicht aus den Augen. Das ist ihr Honorar.

Im Mittelgang des Kirchenschiffes knicksen sie kurz vor dem Kreuz, setzen sich schweigend nebeneinander. Ein Leben für Gott. Dienerinnen des Herrn, ganz in weiß. So unschuldig leuchten die beiden weißen Rücken in der dunklen Kirche. Ob die auch mal einen Freund, wilden Sex, durchzechte Nächte, Abenteuer erlebt haben? Welche Lebenspläne hatten diese Frauen, bevor sie Nonnen wurden? Was sind die Abgründe der Missionarinnen? Ich pule an zwei Pflastern an meinem Daumen und Zeigefinger und denke mir eine wilde Jugend für die zwei Frauen aus, während meine Hände brav im Schoß ruhen.

Die dreischiffige Hallenkirche füllt sich zuerst im Mittelschiff. Viele Menschen kommen alleine. Erwachsene, ältere Leute, einige Kinder. Diese schlafen schnell auf dem Schoß der Eltern ein. Weihnachten ermüdet. Zuerst ein Flötenspiel und danach ertönt die Orgel durch das kalte Kirchenschiff. Der Weihnachtsbaum mit den Strohsternen leuchtet hinter dem Altar, und ein Chor singt. Gläubige bekreuzigen sich und suchen sich schweigend einen Platz. Kirchenbänke knarren. Es wird kaum gesprochen, höchstens geflüstert.

Plötzlich ist Stille.

Die Kronleuchter werden gedimmt. Das Glockengeläut beginnt, und nur wenige Kerzen leuchten an den Säulen des gotischen Gewölbes. Die Gemeinde verharrt im Gebet.

Das gemeinsame Schweigen berührt mich. Ich denke an meinen Bruder. Wir hätten uns jetzt gegenseitig angestoßen und versucht, uns mit Grimassen gegenseitig zum Lachen zu bringen.

Die Tür des Seitenschiffes öffnet sich. Der Pfarrer erscheint, flankiert von Mönchen, Nonnen und Novizinnen. Weihrauch zieht wabernd durch die Kirchenbänke. Katholische Showtime at it's best. Nach der Überlieferung ist Gottes Sohn an diesem Abend Mensch geworden. Christen feiern Jesu Geburt. In einigen Regionen der Welt ist es für Gläubige heute Abend sogar gefährlich, einen Gottesdienst zu besuchen. Muslime, Christen, Juden, Buddhisten, alle haben hohe Feiertage. »Wann herrscht endlich Frieden zwischen den Religionen«, denke ich und reiße mir das Pflaster vom Daumen.

Was berührt uns an Weihnachten? Ist es die Geschichte der Unschuld, die Nacktheit des Jesuskindes, die reine Liebe zu dem Neugeborenen?

Ich erinnere mich an die Zeit vor meinem Übertritt zum Judentum, an die enorme Erwartungshaltung, die für mich, unsere Familie in diesen Tagen lag. Das Besondere an Weihnachten war immer verbunden mit der Fantasie, dass etwas ganz Großes passiert. Es ist die Verlockung des Neuanfangs, des Zaubers, der jeder Geburt innewohnt.

Alljährlich stieg mein Vater in den Keller hinab. Holte die Lametta-Kiste meiner Oma und die Box mit den weißen und roten Weihnachtskugeln ins Wohnzimmer. Martin und ich ordneten das zerzauste Lametta und staubten die braunen Kisten auf dem roten Teppichboden ab. Unsere Familie hatte noch Lametta, echte Kerzen und selbstgebasteltes Holzspielzeug am Baum, als andere bereits Comicfiguren daran aufhängten. Meine Mutter durfte jedes Jahr entscheiden, ob die roten oder weißen Kugeln an den Baum kamen. Es gab sie in drei Größen: klein, mittel und richtig groß und prall. Die winzigen Kugeln hingen im oberen Bereich, die mittleren im mittleren Bereich, und die fetten bogen die Zweige im unteren Bereich nach unten. Und Papa stieg am späten Nachmittag auf eine gefährlich wackelige Leiter, um den Stern, den Star unter den Deko-Artikeln, sanft aus einem Extrakarton mit weißem Seidenpapier zu heben und ihn vorsichtig auf der Spitze der schiefen Nordmanntanne zu befestigen. Meine Mutter, Martin und ich gaben mit dem gebührenden Sicherheitsabstand Anweisungen, ob die Baumspitze ein Stückchen weiter nach links oder nach rechts zu biegen war. Natürlich ohne uns einig zu werden.

Neben dem Baum stand immer ein quietschgelber Plastikeimer mit Leitungswasser, falls die Tanne doch mal Feuer fangen sollte. Nie, wirklich nie, durften wir vier zeitgleich das Wohnzimmer verlassen. Weder durften wir den brennenden Weihnachtsbaum noch den Adventskranz aus den Augen lassen. Einer von beiden hätte ja in Flammen aufgehen können und uns alle obdachlos werden lassen. Noch heute wundere ich mich, dass mein Vater in all den Jahren nie mit der Leiter in den volldekorierten Baum gekracht ist oder es nicht einmal bei uns gebrannt hat. Nur das weiche Wachs hat sich immer in die Tischdecke gefressen.

Mama hat den grünlich-metallischen Baumfuß stets mit einer kleinen, blumigen Decke verhüllt. Sie sollte die herunterfallenden Nadeln des langsam austrocknenden Tannenbaumes aufsammeln. Denn egal, ob die Tanne im Topf, mit eigenen Wurzeln, stand oder im Weihnachtsbaumfuß eingeklemmt wurde, sie nadelte. Dabei hat mein Vater beim Absägen der unteren großen Zweige auf dem Balkon behauptet: »Kinder, diese Tanne wird in diesem Jahr garantiert nicht nadeln.«

Spätestens am zweiten Weihnachtstag fing auch sie damit an.

Dies alles geschah immer unter dem Druck, auch noch die Geschenke für uns Kinder einpacken zu müssen. Martin und ich wurden regelmäßig am Weihnachtsnachmittag auf die Straße zum Spielen geschickt. Meine Mutter suchte währenddessen fieberhaft nach dem kleinen Glöckchen, womit sie das Weihnachtsfest einläuten wollte. Jedes Jahr nahm sie sich vor, es am gleichen Platz zu deponieren. Nie war es da, wo sie es suchte. Meist fanden wir das Glöckchen unter einem Berg von zerknäultem Lametta in einem der Kartons.

Nach jedem Fest wurde das Lametta jedoch lieblos in die Kiste zurückgeworfen. Mein Bruder rupfte es von den nadelnden Zweigen und warf es von der Leiter in Richtung Karton. Der Zauber war vorbei und Martin traurig.

Rituale sind ein schöner Lebensrahmen, obwohl man ohne sie manchmal freier ist. Meine Tante Katrin zum Beispiel geht jeden Montag in die Stadt. Egal ob Sommer oder Winter. Sie nimmt die Bahn mit der Nr. 11 und fährt aus ihrem Vorort in die Innenstadt. Sommerschlussverkauf, Winterschlussverkauf. Montag ist ihr Schaufensterbummeln-Tag. Dienstags, alle zwei Wochen, habe ich eine Maniküre bei Frau Jung. Meine Hände würden die feilende Prozedur auch Mittwoch oder Montag über sich ergehen lassen. Die großen Ferien unserer Kindheit verbrachten wir immer mit den Eltern auf den ostfriesischen Inseln. Dauernd regenwolkenverhangener Himmel, aber das Appartement Nr. 481 im Haus Dünenblick wurde am Ende der Sommerferien direkt für das nächste Jahr gebucht. Wie viele Wattwanderungen musste man ertragen, um am Ende stets erneut vor Verzücken aufzuschreien, wenn der glitschige Wattwurm sein Haupt aus dem Schlick erhob? Stets wurde der Strandkorb gebucht, der vor der Bude mit dem Milchreis stand. Ein weißer Strandkorb, direkt vor dem Café Pudding. Meine Eltern hassten Milchreis, warum musste es dann dieser Standort für den Windschutz sein? Rituale hinterfragt man selten. Es gab sie immer schon, und sie werden sich wohl auch noch halten, wenn wir selbst schon andere Wege gehen.

Nehmen wir das allabendliche Ritual am Waschbecken. Ich mache mich manchmal selbst rasend in der Wiederholung des immer Gleichen und zugleich täglich Neuen. Augen und Gesicht abschminken, waschen, eincremen, Zähne putzen, Haare bürsten. Das andere bekommt unter der Knute des Rituals keine Chance, es wird ritualisiert, angeglichen. Nun schadet das abendliche Zähneputzen bekanntlich nicht, aber warum greife ich nie zuerst zur Zahnbürste?

Zeit und Raum verschwimmen im Rückblick. Jahre werden zu Jahren, in denen wir eben an der Nordsee waren, ohne ausschlagende Frequenz. Jetzt, mit meinen Kindern, ertappe ich mich dabei, die Rituale meiner

Kindheit wiederholen zu wollen. Wir sind wie unsere Rituale, die uns Geborgenheit suggerieren, während sie unsere Neugierde einlullen.

Heute, an diesem Weihnachtsabend, habe ich mir das Ritual des Festes mit meinem Bruder herbeigesehnt. Ohne ihn ist eben alles anders, unser »Fluss« wurde unwiederbringlich gestört. Ein lächerlicher Versuch, die letzten emotionalen Splitter einer Weihnachtswiederholung aufzugreifen, nur um ihm ein wenig näher zu sein. Es ist ein Test. Ein Ritual braucht aber einen festen Rahmen, meiner ist kaputt. Ich bin mein eigenes weißes Testkaninchen. Ich weiß schon zu Beginn, das Experiment kann nur scheitern oder mich im besten Fall ein wenig trösten.

Ich kann mich gar nicht erinnern, wann das mit diesem ALLES-MUSS-RUND-LAUFEN-UND-JETZT-DARF-HIER-NIX-SCHIEFGEHEN an den Weihnachtstagen anfing. Jedenfalls saßen wir kurz vor der Bescherung alle erschöpft auf der Couch. Dann kam Martins großer Auftritt. Mit einem geräuschvollen Trompetensolo, das mit Musik wirklich wenig zu tun hatte, katapultierte er uns vier direkt in die Weihnachtstage. Als mein Bruder älter wurde, wir schon lange keine Weihnachtslieder mehr gemeinsam mit den Eltern sangen, wir in Berlin oder Köln das Fest feierten, da wollte Martin die Illusion der Harmonie gerne aufrechterhalten. Ich habe das nie verstanden, denn unsere Eltern waren längst geschieden. Über viele Jahre habe ich lieber an den Feiertagen gearbeitet, mir die Schicht an Weihnachten freiwillig geben lassen, als zu Hause etwas vorzuspielen, was es nicht mehr gab. Familie.

Warum muss an Feiertagen eigentlich alles harmonisch verlaufen? Weil es ein Ritual ist? Weil es zu unserer Kindheit und der damit verbundenen Unschuld, dem Kinderhimmel, gehört? Weil es die Illusion einer glücklichen Familie spiegeln soll? Eine Fassade nach innen und außen. Der Braten muss perfekt garen. Die Verwandtschaft antanzen, sich vertragen und konfliktfrei das Miteinander unter dem Weihnachtsbaum bestehen. Mag der Rest des Jahres von Streit, Konflikten und Irritationen geprägt sein, spätestens Weihnachten, wenn das Fest der Liebe beginnt, muss aber Frieden in den vier Wänden herrschen. Weihnachten, das Fest der Harmonie, der Sehnsucht nach Frieden. Was für ein Märchen.

Die Gemeinde singt *Stille Nacht, heilige Nacht.* Ich greife mir eines der letzten Gesangbücher und singe mit. Durch das Schwingen der Stimmbänder werde ich Teil der Gemeinschaft. Ich sitze auf einer schmalen Bank, die neben dem braunen Schränkchen mit den Gesangbüchern aufgestellt ist. Es sind genau solche Bänke, wie man sie zum WM-Grillen im Garten ganz schnell aufklappt und hofft, dass es Jogi Löw mit seinen Jungs erneut packt. Am Ende von *Stille Nacht, heilige Nacht* ist es bei mir beinahe vorbei mit der stillen Nacht. Ich habe mir einen riesigen Holzsplitter in die rechte Pobacke gerammt. Auf der wackeligen Bank wollte ich Platz machen für eine Mutter mit ihren zwei Kindern. Das hat man davon. Jetzt lachen sie sich hinter vorgehaltener Hand kaputt, als ich versuche, mir diskret das längliche Holzteil aus der Strumpfhose zu ziehen. Mein Blick fällt auf den gekreuzigten Jesus, und mir wird klar, hier musste einer noch viel mehr Leid einstecken als ich.

Was macht also Weihnachten mit uns?

Für religiöse Menschen ist diese Frage leicht zu beantworten. Aber auch nichtfromme Menschen wie ich verfallen dieser Tradition. Vielleicht weil Weihnachten die Chance ist, innezuhalten, sich für das kommende Jahr neu auszurichten. Die Botschaft von Jesu Geburt wird verkündet. Zeit, sich die Frage zu stellen: Wer bin ich? Wo stehe ich? Was will ich? Was für ein Mensch bin ich? Die Feiertage sind eine Chance nachzudenken. In sich zu gehen. Der Mensch ist fehlbar. Auch wenn die Religionen uns Gnade versprechen, es ist nie leicht, in seiner fehlerhaften Nacktheit und Scham vor anderen Menschen zu stehen. Ist es naiv zu hoffen, dass man mit einer Entschuldigung Güte oder Barmherzigkeit hervorruft?

Wir werden an diesem weihrauchgeschwängerten Abend eingeladen, auch mit unseren Fehlern vor Gott zu treten. Fehler gehören zum Menschsein. Versöhnung wohl auch. Ich überlege kurz, in welchen Punkten ich mich bei meinem Bruder entschuldigen müsste. Gott, der Schöpfer, will Gewalt überwinden, Frieden schaffen. Wären wir doch nur alle Werkzeuge des Friedens, die Welt wäre ein besserer Ort.

Ich blicke Richtung Tannenbaum und lausche dem Frankfurter Chor. Was für ein Fest würden wir heute feiern, wenn Jesus schwul gewesen wäre? Ein Ausländer? Hätte er in einem Asylbewerberheim leben müssen? Hätten wir ihn erkannt als Gottes Sohn? Hat nicht seine Kreuzigung erst gezeigt, wohin Hass und Gewalt führen? Oder war diese Gewalt ein Missverständnis, weil die Menschheit nicht ertragen konnte, dass ein Mensch Liebe, Mitmenschlichkeit und Akzeptant repräsentierte?

Warum schlagen, warum töten Menschen andere Menschen? Menschenliebe sagt sich leicht, lebt sich aber schwer. Jesus ist gestorben für uns alle, also auch für Gläubige, die hier am Abend in der Kirche sitzen.

Der Kapuzinermönch, der die Weihnachtspredigt leitet, spricht für das vielfältige Miteinander deutliche Worte und schlägt das Gebet der Vereinten Nationen als Waffe gegen Hass und Dumpfheit vor:

Herr, unsere Erde ist nur ein kleines Gestirn im gro-
ßen Weltall. An uns liegt es, daraus einen Planeten zu
machen, dessen Geschöpfe nicht von Kriegen gepeinigt
werden, nicht von Hunger und Furcht gequält, nicht zer-
rissen in sinnlose Trennung nach Rasse, Hautfarbe oder
Weltanschauung. Gib uns Mut und Voraussicht, schon
heute mit diesem Werk zu beginnen, damit unsere Kinder
und Kindeskinder einst stolz den Namen Mensch tragen.
Amen.

Die Kinder neben mir werden langsam unruhig. Die
Mutter drückt die Hände des Mädchens zusammen und
hält ihre Hand wie einen Riegel darauf. Ich frage mich,
warum eigentlich beten? In einer Zeit von Kriegen, Terror und politischen Auseinandersetzungen. In einer Zeit,
in der verzweifelte Menschen vor diesen Kriegen flüch-
ten müssen und Grenzen geschlossen wurden. Warum
eigentlich zu Gott beten, in einer Welt, in der Millionen
Menschen hungern? Wenn es ihn gibt, warum lässt er
das zu? Wenn er es zulässt, ist er der »liebe Gott«, oder
ist er vielmehr ein böser Gott? So oder so, warum also
beten?

Die Kerzen brennen an den Säulen langsam herunter.
Ich weiß nicht, wie lange ich hier schon auf der Ersatzkir-
chenbank sitze. Ich ziehe für einen winzigen Augenblick
Martins Foto aus meiner Handtasche. Umschließe es mit
meinen Handflächen und küsse meine Hände, die Mar-

tins Andenken festhalten. Halte inne. Denke intensiv an meinen verstorbenen Bruder. Plötzlich stört ein Obdachloser die Andacht. Er brüllt in die Predigt hinein. Äfft den Priester nach. Schaukelt mit seiner Baseballkappe und in seiner abgeschabten Kleidung immer wieder auf seiner Kirchenbank vor und zurück. Vor und zurück. Und wieder: vor und zurück. Das Rascheln seiner Nylonwindjacke macht Gänsehaut. Er ruft »Heuchler! Heuchler!« über die Kirchenreihen hinweg. Ich muss ein Lachen unterdrücken. Ein absurder Moment.

Die Gemeinde lässt sich nicht aus der Ruhe bringen. Niemand reagiert. Gottesdienst bleibt Gottesdienst, und Gottesdienst macht weiter Gottesdienst. Endlich tritt nach wenigen Minuten Unruhe ein. Endlich genervte Blicke. Endlich reagieren die Menschen. Der obdachlose Mittdreißiger verliert die Kontrolle, weint und schreit. Kontrollverlust. Das Schlimmste, was einem in unserer überdisziplinierten und auf Äußerlichkeiten fixierten Gesellschaft passieren kann. »Wann hatte ich das letzte Mal einen Kontrollverlust«, frage ich mich. »Wie viel Kraft kostet es mich und die Menschen, die ich kenne, so zu tun als ob, die Fassade aufrechtzuerhalten?« Nicht einfach herauszuschreien, dass man es nicht mehr aushält. Ich lege Martins Foto wieder vorsichtig in das Seitenfach der schwarzen Handtasche.

Stille kehrt ein. Weihnachtslieder werden gesungen. Ich spreche das Vaterunser, und dennoch fühle ich mich als Jüdin in der Kirche wie ein ungebetener Gast. Meine schwarze Pudelmütze gibt mir Schutz und Geborgenheit. Neben mir sitzt ein polnischer Christ, der alle Gebete und Gesänge auswendig kann. Das beeindruckt mich. Ich spüre, wie er auf meinen Davidstern schaut. Gerne würde ich ihm sagen, schau genau hin, Jesus war Jude.

Wir beten für das Jesuskind in der Krippe. Wir beten für die Menschen, die in diesem Jahr durch das Tor zu den Toten gegangen sind. Also auch für Martin. Wir beten dafür, dass streitende Familienangehörige von Gott die richtigen Worte in den Mund gelegt bekommen, um versöhnend zu agieren. Und die Kirchen Lateinamerikas, die Empfänger der diesjährigen Kollekte, erhalten zum Schluss die Fürbitten. Dafür werden sechs kleine Weidenkörbchen als Klingelbeutel herumgereicht. Weihrauch zieht erneut durch das Kirchenschiff. Das Kollekte sammelnde Mädchen reicht mir beim Ausgang am Seitenschiff noch die Hand und wünscht mir *Frohe Weihnacht.*

Die Gemeinde schiebt mich langsam auf die regennasse Straße. Wir alle verströmen uns. Sind wieder alleine mit uns und unserem Alltag.

Ich gucke in den Himmel und stelle mir vor, wie Martin oben auf der Regenwolke sitzt, mich angrinst und mir zuzwinkert. Regentropfen verschwimmen auf meiner großen Brille. Tränen. Ich senke den Kopf und schlage den Mantelkragen hoch.

Vor mir gehen die beiden Missionarinnen der Nächstenliebe. Ihre blau-weißen Kopfbedeckungen flattern im Wind. Bevor sie in die kleine Seitenstraße Richtung Bahnhof abbiegen, kreuzt sich ihr Weg mit zwei Musliminnen. Auch ihre Kopftücher zerzaust der Wind.

6.

Bruderland

Im Geschwisterland sind die Lichter aus.

Unsere Welt der gemeinsamen Kindheit, das Erwachsenwerden, das Getrenntsein, die Verbundenheit und Vertrautheit, all das wird verblassen. Ich bin das Überbleibsel unserer Kindheit. Unser Dialog ist jetzt nur noch mein Monolog. Bruderland ist ausgelöscht.

Es sind Millionen winziger Lebensaugenblicke, die unser persönliches Erinnerungspuzzle ergeben. Diese »Weißt du noch, als wir ...«-Lebensmomente sind unwiederbringlich verschollen. Jeder, der einen geliebten Menschen verloren hat, kennt den Verlust-Boomerang des Erinnerungsglücks. Wie Nadelstiche tauchen bewegende, witzige und berührende Momente immer wieder im Herzen auf. Erst gestern bin ich über mehrere hundert Meter einem Mann in der Frankfurter Innenstadt gefolgt, der in der Schlange des Coffee-Shops vor mir stand. Sein Parfum war wie deins – Martin. Ich habe die Augen geschlossen und gedacht, du stündest vor mir. Tief versucht, dich einzuatmen. Das war schön, bis ich die Augen öffnete und sah, wie der Typ gerade Starbucks verließ. Ich wollte dir nahe sein und lief ihm wie ein schnüffelndes Hündchen hinterher. Für einige Minuten warst du wieder lebendig. Ein armseliger Strohhalm, den ich da nutze. Hinzuschauen tut weh, wegschauen will ich nicht. Liebe und Schmerz krallen sich aneinander. Ich will sie nicht verlieren, unsere Gerüche, Orte der Kindheit. Ich bin alt genug zu wissen, sie werden verblassen. Ich rühre Erinnerungstusche an und will jeden Moment neu bemalen.

Wir hatten eine gemeinsame Sprache. Versteckte Ticks. Geheime Zeichen, die nur wir zwei kannten. Du, Martin, interessiertest dich früh für Mode. Ich versuchte mein Glück immer wieder, bei dir mit Kinotipps abseits der Blockbuster. Du schenktest mir im Gegenzug DVD-Boxen mit amerikanischen TV-Serien.

Wir konnten uns über winzige Details streiten. Wurden laut, verletzend. Wie oft nahm ich mir vor, dich aus meiner iPhone-Favoritenliste zu streichen. Unversöhnlich verbohrt waren wir, bis einer von uns wieder durch die Leitung kroch. Nähe suchte. Wir wussten genau, wo der andere verwundbar war. Wir vertrugen uns tränenreich. Geschwister eben. In Mathe warst du klüger, ich in Deutsch. Du warst den Menschen abgewandter, ich bin den Menschen zugewandter. Du gingst bei allen beruflichen Projekten immer vom schlimmsten Mayday aus und hofftest, dass am Ende sich alles wieder zum Besseren wenden würde.

Knapp ein Jahr vor deinem Tod mussten wir uns bei einem Verwandtschaftsbesuch ein Bett teilen. Beide liiert, beide älter geworden, lagen wir wie früher nebeneinander und quatschten bis tief in die Nacht. Als Kinder zogen wir fast jede Nacht unsere Bettdecken über den Küchenboden, konnten nur gemeinsam in einem Zimmer einschlafen. Zwischen uns dein Stoffigel und unser Rauhhaardackel »Rübe«. Du in diesem Tanten-Bett, in deiner schrecklichen Schießer-Feinripp-Unterwäsche, mit dieser weißen Haut und dem Bauchansatz. Ich in einem überlangen T-Shirt. Nebenbei lief der Fernseher, wir stritten uns wie in Kindertagen um die Fernbedienung. Damals habe ich mich in der Nacht geärgert, dass du mir dauernd die Bettdecke wegzogst, dich damit bis zur Nasenspitze einrolltest und leise schnarchtest. Heute würde ich gerne frieren, um dein leises Nachtgemurmel aus den Tiefen der Frotteebettwäsche zu hören. Alltagsnähe. Bruderland.

Eine Unterhaltung mit dir konnte zäh verlaufen. Du bautest keine Gesprächsbrücke, wenn du keine Lust hattest. Schwiegst beharrlich. Bei langen gemeinsamen Autofahrten ließ mich das oft verzweifeln. Themenlisten schrieb ich mir mit Kuli in die Handinnenflächen, damit mir der Gesprächsstoff nicht ausging, wenn du wieder einen dieser mundfaulen Tage hattest. In den letzten Jahren wuchs deine Mauer des Schweigens. Du ließest kaum jemanden in dein Herz blicken. Deine Lebenswunden blieben gut verschlossen. Doch der Druck war spürbar. Ohne Vorwarnung brachst du in Tränen aus oder zeigtest diese kühle, negative Seite. Ice Bucket Challenge à la Martin. Stundenlang standen deine beruflichen Projekte im Mittelpunkt. Planet Martin. Andere Leben waren Luft für dich. Deine tiefe Sehnsucht nach Liebe, Beständigkeit und Geborgenheit, wurde sie je gestillt? Anrufe in der Nacht, mit aufwühlend schönen Gesprächen, die uns um die Welt und direkt in unsere Herzen führten. Wenn du weintest, dann schütteltest du dich wie ein kleines Kind.

Auch ich habe Fehler gemacht. Ich habe dich beschützt. Beschenkt. Geliebt. Dazwischen Fehler. Die ich heute nicht mehr korrigieren kann. Bruderland ist zertrümmert. Ich liebe dich, Martin. Danke, dass du mein Bruder warst. Ich weine um mich. Ich weine um dich. Ich weine um unser Wir. Das Herz tut mir weh.

Bruderland war: Moin, Bruderherz, Onkel, Eishockeyspielen auf dem zugefrorenen Huchtinger See, fast tägliche Telefonate, Master der Fernbedienung, Nachbar, Mitbewohner, Partygänger, Jüürgään, Technikfreak, Gemütlichkeit, Werderfan, Freund, Gerne-gut-essen-Geher, Biografienliebhaber, Schrauber, Bootspolierer, winzige Schrift, Segler, Nürburgringfahrer, das schüchterne Kind, hartnäckiger Ideenverfolger, Onlinebanker, Moppelfan, Moneyfreak, Reisender, Onlinebesteller, Sodenmattseebader, Nicht-alleine-sein-Könner, großzügiger Weihnachtsgeschenkemacher, TV-Serienspezialist, Cousin, Geschäftsführer, Brezelesser, Bis-unter-die-Nase-Zudecker, Designfan, Neu-Schweizer, Wangerooger Sommerkind, Saure-Heringe-Fan, kindlicher Stubenhocker, Ex-Bremer, Fliegenfischer, Lebenspartner, Ex-Kölner, Ex-Berliner, HDK-Student, Schäfer&Sohn-Ablehner, Stixxi-Genießer, Wanderer, Pro7-Mitarbeiter, Couch-Potatoes-GF, Affairenman, Früh-von-zu-Hause-Auszieher, Sohn, fleißig, Selbstmodellebastler, TV-Süd-Tennisspieler, Salamibrotfan, Scheidungskind, Exfreundinnen-nur-schwer-Loslasser, Atheist, ehrgeizig, Heimlichtuer, Biertrinker, Weintrinker, Champagnertrinker, Whiskytrinker, Besserwisser, Porschefan, Kollege, Vaterfigur-Suchender, Oldtimerfan, Langschläfer, Patensohn, Angel-Bär-Kunde, USA-Fan, Englandreisender, Produzent, mondförmiges Nagelbett, LPT-Mitglied, Ibiza, der Typ mit dem Reflux, dunklerer Schneidezahn, Dworfie, Schneeschuhwanderer, zugestaubte Wohnung, Poolgänger, Glatze, Gereiztheit, Geschichtsfreak, später Rechnungszahler, sonnenbrandgefährdet, häuslich, stundenlanger Wagenpolierer, Ersatzteilebesteller, Erbsenzähler, Bullyfan, Igelnik, Excelltabellenfreak, Bürgerparkbankbesitzer, Projekteanschieber, weißhäutig Fernsehmessen besuchen, schlechter Skifahrer, Am-liebsten-bei-Freunden-Übernachter, Spaziergänger in Fischerhude, begeisterungsfähig, Stylingberater, guter bester Freund, Ideenentwickler, Homoki-Freund, Stiefvater, DVD, Beinahe-Vater, Ritsche-Freund, jahrelanger Römer-Besucher, Italienreisender, Schulterverletzter, Irene-im-Herzen-Träger, Schiesser-Feinrippträger, Karima, Facebookliker, Bremensienkäufer, Rennradfahrer, MIPTV-Besucher, Fotografie-Fan, Magazin, Fiorucci-Fan, Demokrat, Segler.

Wo bist du, Martin?
Siehst du uns? Spürst du uns?

7.

Fatmas Regeln

Ich stelle die Schuhe vor der Haustür ab und verreibe das Rosenwasser in meiner Handinnenfläche. Fatma grinst. Fragt mich, ob mir der neue Duft gefällt. Ich atme ihn ein und nicke. Dabei schaue ich auf meine Socken. Selbst mit 50 habe ich noch Angst, am großen Zeh ein Strumpfloch zu entdecken. Peinlich wäre das. Ihr jüngster Sohn sitzt auf dem Hochstuhl im Wohnzimmer und winkt mir schon von weitem entgegen. Cem kaut an einer Brezel. Aufgeweichte Stücke fallen aus seinem Kindermund. Fatmas kleine Tochter läuft durch die Wohnung, hebt seine Brezelstückchen auf und steckt sie sich in ihren Mund. Die große Tochter ist noch in der Schule.

Fatma hat sich verändert. Sie trägt seit Wochen ein Kopftuch. Ist stiller geworden. Im Sommer hat sie mir noch, mit einem Coffee-to-go in der Hand, über die Straße zugerufen: *Kein Handy auf dem Rad, Bärbel!* Ihr Vater liegt zu Hause und kämpft gegen den hinterhältigen Feind Krebs. Fatma zieht jetzt eher lange als ganz kurze Röcke an. Die Haare ihres Vaters sind durch die Behandlung weg. Der dunkle Schnäuzer und die langen Wimpern auch. Neulich gingen beide, er mit einem kleinen Sauerstoffgerät auf dem Rücken, die Straße entlang. Er führt Krieg gegen die Metastasen. Die Chemotherapie und die entzündete Mundschleimhaut machen ihm das Leben schwer. Seit einigen Jahren laufen wir uns alle im Viertel immer wieder über den Weg. Fatma hatte sich oft bei ihrem Vater untergehakt. Beide gingen noch bis vor ein paar Wochen regelmäßig in die Eisdiele an der Ecke. Wie eingehüllt in eine Wortewolke redeten und diskutierten sie miteinander. Tranken Tee und aßen Spaghetti-Eis. Erst kam sie alleine, später gar nicht mehr ins Eiscafé. Die letzten Wochen saß sie im Krankenhaus an seinem Bett. Hoffte. Jetzt ist er wieder zu Hause. Regeneriert sich. Hofft weiter.

Mit unseren beiden großen Kindern waren Fatma und ich gemeinsam beim Eltern-Kind-Turnen. Vorgestern haben wir uns im türkischen GAZI-Supermarkt gesehen. Der gehört ihrem Vater. Sie gab mir den entscheidenden Tipp für die perfekte Manti-Zubereitung. Geheimwaffe Knoblauch. Noch an der Kasse hat sie mir ihr Beileid zu Martins plötzlichem Tod ausgesprochen. Wir haben uns umarmt und uns für heute verabredet.

»Willst du Tee, Bärbel?«, ruft sie mir aus der Küche zu.

»Gern. Toll siehst du aus mit den offenen Haaren.«

Fatma bringt uns türkischen Tee, wir setzen uns auf den Boden. »Zu Hause trage ich doch nie ein Kopftuch. Nur wenn männlicher Besuch da ist oder ich rausgehe, mache ich mich zu.«

»Im letzten Sommer hast du dich mit der schönen Lockenmähne aber noch ohne Kopftuch gezeigt«, werfe ich ein. »Nimmst du Zucker?«

»Nein. Ohne alles.« Ich lege meine Hände um die wärmende Tasse und kann den Blick nicht von ihren Haaren abwenden. Sie wirkt älter, reifer, wenn sie ein Kopftuch umhat, denke ich, während sie mir eine Papierserviette reicht.

»Ja, letzten Sommer war noch alles anders. Da war er noch nicht krank.« Sie schiebt sich ihre Locken hinter das rechte Ohr. »Du hast es ja bemerkt, Bärbel, seit sechs Monaten bedecke ich mein Haar und meinen Körper. Trage nur noch Kleidung, die den Po bedeckt. Nichts Enges mehr. Ich will nicht, dass man meine Hüfte oder die Brust sieht.

»Warum nicht?« Ich greife nach einem Stückchen Baklava, lecke mir den Honig von den Fingerspitzen. Cem lacht mir ins Gesicht.

»Früher haben die Männer mich angeglotzt, wenn ich abends ausgegangen bin. Damals schminkte ich mich.

Ich wollte gesehen werden. Und ich gebe zu, ich wollte begehrt werden. Mein Wille war zu schwach, um mich zu bedecken. Heute habe ich ein Ziel. Ich diene Allah, und dafür soll mein Vater gesund werden.«

»Glaubst du wirklich, dein Vater besiegt den Krebs, wenn du nicht mehr sexy bist?«

»Es kann aber nicht schaden, eine gute Muslima zu sein.«

»Das kannst du doch auch ohne Kopftuch. Du hast so ein gutes Herz. Sieh es doch als Kompliment, wenn Männer dich wahrnehmen. Oder wird Allah dich ohne Kopftuch nicht lieben?«

»Wenn ich die Blicke der Männer einfange, ist das Haram. Kein Kompliment. Sünde. Stell dir vor, ein verheirateter Mann begehrte mich. Das wäre ein Gau, ein Super-Haram.«

Während sie sich aufregt, tunke ich einen Keks in den Tee. Haare sind in allen Religionen so besetzt mit Lust und Begehren. Immer ist es angeblich die Frau, die durch ihre Erotik auffällt. Sie muss bedeckt, verhüllt werden. Warum verdrehen nur wir Frauen den Männern den Kopf und nie umgekehrt? Haare verführen in so vielen Religionen.

»Kopfbedeckungen gibt es im Judentum, Christentum, im Sikhismus und bei Muslimen. Eine jahrtausendalte Tradition. Gläubige Jüdinnen tragen eine Perücke. Scheitel genannt. Um ihr Haar in der Öffentlichkeit, genau wie du, vor fremden Blicken zu bedecken, warum auch nicht? Sie folgt damit einer Vorschrift der Thora. Es gibt tolle Perücken, die sehen manchmal besser aus als die eigene Frisur. Das Wahnsinnige an der Geschichte ist doch, das sie damit fast noch mehr verführen, als sie es je mit ihrem eigenen Haar getan hätten.«

Auch im Katholizismus haben die Frauen, die mit Jesus verheiratet sind, also die Nonnen, ihr Haar bedeckt. Kaum jemand stört sich am Ornat einer katholischen Nonne. Hat die Tradition, das eigene Haar mit Hüten, Schleiern, Kopftüchern oder Mützen zu verbergen, in Europa nicht langsam ausgedient? Oder erleben wir gerade eine Renaissance?

»Fatma, nimmst du eigentlich alle Gebote so ernst wie die Sache mit dem Kopftuch?«

Sie wischt Cem den Mund ab und setzt sich neben mich auf den Teppich. »Ich mache es zum Wohlgefallen Allahs. Wer will, soll glauben, wer nicht will, soll ablehnen. So steht es im Koran in der Sure 18,29. Es steht jedem Muslim frei, sich nach den Geboten zu richten oder eben nicht. Der Koran ist ja kein Gesetz. Ich bete auch nicht immer fünfmal am Tag. Ich bete immer mal zwischendurch. Mit den Kindern suche ich mir die Zeit dafür, wenn es gerade passt. Ich halte mit der Familie aber die Feiertage ein.« Sie lächelt ihren Jüngsten an.

So viel Kontrolle, so viele sich wiederholende Rituale, um Allah oder Gott zu dienen, ihm zu gefallen. Hingabe, die den Alltag, das Jahr strukturiert. Nach den Feiertagen ist vor den Feiertagen. Aber ist es nicht auch eine Frage zwischen Mann und Frau? Frauen dürfen nicht verführen, das scheint überall gleich zu sein. Aber wer hat die Bestimmungsmacht darüber, was Verführung ist? Ich fahre mir mit der rechten Hand über meine kurzen Haare. Meine typische Geste. »Haare sind eben nicht nur Haare. Sie sind Politik. Haare sind Identität. Haare führen uns zu den Fragen der kulturellen Unterschiede, auch zu unseren Vorurteilen.« Ich schaue Fatma an. Ihre Augen füllen sich mit Tränen. Ich nehme sie in den Arm. »Wenn du glaubst, dass dein Vater durch das Tragen des Kopftuches gesünder wird, ist doch alles gut. Du hast ja in allem recht. Aber warum weinst du jetzt? Was ist los, Fatma?«

»Meine Eltern sind geschieden. Meine Mutter ist Christin und mein Vater Moslem. Seit ich ein Kopftuch trage, spricht meine Mutter nicht mehr mit mir. Sie droht mir, die Enkelkinder nicht mehr sehen zu wollen, wenn ich nicht damit aufhöre. Sie hält es für Aberglauben und schämt sich für mich. Ihre eigene Tochter. Aber es sind nur die Gebete, die mir Ruhe und Struktur geben.«

»Wie war denn das erste Mal mit Kopftuch für dich?«

»Zieh eins an, wenn du es wissen willst.«

Ich schweige.

»Seit ich das Kopftuch trage, haben sich die Blicke geändert. Sie sind misstrauischer. Sie sind skeptischer. Ich merke das auf der Straße, beim Einkaufen oder an den Reaktionen der Eltern, wenn ich die Kleine in den Kindergarten bringe.« Sie wird richtig rot im Gesicht.

»Wie gerne würde ich all diesen bornierten, intoleranten Menschen entgegenschreien: Ich bedecke ja nur meinen Kopf, nicht meine Klugheit.«

»Das mag ja alles stimmen, Fatma. Dass du es freiwillig trägst, aber du weißt, genau wie ich, dass das Kopftuch für viele auch ein Symbol für die Unterdrückung von Frauen ist. Wir haben uns doch schon mal über die im Exil lebende iranische Journalistin Masih Alinejad und ihre Facebook-Aktion unterhalten, erinnerst du dich, wie hieß die Plattform noch?«

»My Stealthy Freedom, meine heimliche Freiheit.«

»Genau. Tausende von muslimischen Frauen zeigen sich da ohne ihr Kopftuch. Und sie kämpfen damit gegen die Verschleierungspflicht im Iran. Sie tragen den Hidschab eben nicht freiwillig.« Ich hebe Cem aus seinem weißen Plastikkinderstuhl. »Nach iranischem Gesetz könnten ihre Aktionen sie ins Gefängnis bringen oder noch schlimmer, mit Peitschenhieben bestraft werden.«

»Ich weiß das alles, ich kenne die Seite im Netz doch auch. Ich bin nicht naiv, wenn Menschen reagieren, wie sie reagieren, wenn sie eine Frau mit Kopftuch hier in Deutschland sehen. Doch mir fehlt ihre Wertschätzung im Blick.«

Cem krabbelt auf meinen Schoss und will mit meiner großen Brille spielen.

»Nur weil ich ein Kopftuch trage, bin ich ja nicht unsichtbar.«

Ich nicke. Drehe den Kopf schnell hin und her, um seinen kleinen Fingern auszuweichen. Ich muss daran denken, dass ich Weihnachten auch in der Kirche saß und dadurch hoffte, dass es Martin im Himmel auf der Wolke – irgendwo – gut geht.

»Beten schadet nicht«, sagt Fatma. »An Gott scheiden sich die Geister, aber an eine Religion zu glauben, schadet nicht. Seit mein Vater so schwer krank ist, versuche ich es neben allen Medikamenten und anderen Behandlungen eben auch mit dem Beistand von oben. Ich bete zu Allah, ich bete für sein Leben. Ich hoffe, dass Allah mein Gebet erhört, Papa soll nur gesund werden.«

Ich schaue aus dem Fenster, Fatma wirkt so entschieden, diesen Weg zu gehen. Ist denn jemand, der nicht fünfmal am Tag betet, der die Feiertage nicht einhält, als Glaubender weniger wert? Reicht ein gutes Herz nicht aus? Der Zwang zum Perfektionismus der Rituale erscheint mir anstrengend. Oder strenge ich mich nicht genug an? Ich vertraue auf die Kunst der Ärzte, wenn ich meinen Vater in der Klinik besuche. Ich bespreche mit ihnen die Dosierung der Medikamente und den kommenden Behandlungsplan. Gott um Hilfe für seine Genesung anzuflehen, der Gedanke ist mir bis eben nie gekommen. Aber vielleicht kennt der sich ja auch mit der fatalen Kombination von Herzinfarkten und defekten Nieren aus, wer weiß das schon genau. Vielleicht entgeht mir da gerade eine super Chance, ein Wettbewerbsvorteil, den Fatma längst nutzt.

»Okay, ich mache es!«

»Was?«

»Ich setze mich mit einem Kopftuch in die U-Bahn, gehe damit einkaufen oder ins Kino. Wenn ich das Haus verlasse, werde ich es für einige Tage tragen. Ich möchte die Blicke der anderen spüren. Ich will es fühlen, wie das ist, sich nach außen so sichtbar zu bekennen.«

Ich trinke meinen Tee aus. Fatma wechselt Cem die Windel im Kinderzimmer. Wird man allein durch das Einhalten religiöser Regeln fromm? Würde ich ab sofort das Morgen- und Abendgebet praktizieren, nähme Gott mich dann eher als einen guten Menschen wahr? Ich stelle mir vor, Gott bekommt wie bei WhatsApp, mit Glocken-geläut-Klingelton natürlich, die Nachricht: *Die Schäfer betet. Endlich betet die Schäfer in Frankfurt. Hallo Gott, bitte Antrittsbesuch bei Bärbel machen.* Wie spricht man mit Gott, wenn er plötzlich in der Tür steht? Kann ich ihm alles erzählen, auch dass ich an ihm zweifle? Verkraftet er, dass ich gar nicht an ihn glaube? Dass ich es als eine Zu-mutung empfinde, einen Gott anzubeten, der zulässt, dass Kinder in Kriegen getötet werden? Ertrinken? Seine Welt strotzt vor Ungerechtigkeit. Ich würde ihm sagen, dass er dafür die Verantwortung übernehmen muss.

Der Mensch ist auf der Suche nach Sinn. Okay, habe ich kapiert. Ich suche nach dem Sinn des Todes meines Bruders. Hörst du mich, Gott, was sollte das? Ist das sinnvoll? Den einzigen Bruder zu verlieren?

Gott, oder wer immer du bist, zu dem ich spreche, wir Menschen sind die einzigen Lebewesen, die ein Bewusstsein haben – von uns und von der Welt, in der wir leben. Das ist wunderbar und fürchterlich zugleich. Deswegen suchen wir nach dem Sinn. Sehnen uns nach Trost. Versprich nichts, was du nicht halten kannst. Wir sind sogar bereit, viele von uns sind bereit, an etwas zu glauben, von dem wir mit unserem Verstand und unserer Vernunft wissen: Märchenstunde. Und trotzdem, wir brauchen Trost und Orientierung. Götter, Propheten, Glauben, Religionen bieten sich da immer gerne an. Ist Menschheitsgeschichte nicht zugleich immer auch eine Glaubens- und Religionsgeschichte? Hegel behauptet, die Religion gehört zum Menschen dazu. Warum eigentlich? Bin ich als Ungläubige kein richtiger Mensch? Laufe ich in den Augen der Gläubigen als seelisch Amputiere durch den Alltag? Ich spüre keinen Mangel. Dann muss Hegel sich noch mal anstrengen und einen passenderen Begriff für mich finden, denn ich bin ein Mensch. Empathisch, humanistisch. Auch wenn ich bei Religionen nichts empfinde. Vielleicht hätte auch Gott mehr Spaß ohne Religion.

»Was ist, wenn es Gott gar nicht gibt? Fatma, dann betest du ein Phantom an.«

Fatma holt vier Blätterteigröllchen, gefüllt mit Spinat, aus der Küche. »Ich will aber an meinen Gott glauben. Es gibt mir Kraft. Ich bete für meinen kranken Vater, die Kinder, meinen Mann und mich. Ich habe gebetet, dass Allah mir einen Sohn schenkt. Gott und ich haben diese Zwiesprache gehalten. Er hat mir vor einigen Monaten dieses Geschenk gemacht. Also hat er meinen Wunsch erhört. Er hätte mir auch einen kranken oder behinderten Sohn geben könne. Und Bärbel, auch wenn du es nicht glauben willst, ich spüre Gott intensiver, seitdem ich mich anders kleide.«

»Leihst du mir nun ein Kopftuch? Ja oder nein?«

Fatma beugt sich im Schlafzimmer über ihre geöffneten Schubladen. Ich fahre mit meinen Fingern über viele Reihen sauber gefalteter Seiden- und Baumwolltücher. Sie sind hellblau, pink, grau, silber und rot.

»Wofür sind diese schwarzen Tücher, Fatma?«

»Das sind Bonnets. Untertücher. Die gibt es auf Flohmärkten, im Internet oder in den türkischen Geschäften. Das Seidentuch rutscht dann nicht dauernd auf deinem Haar hin und her, wenn du es benutzt. Ohne das Untertuch gucken ja auch immer noch Härchen raus, das geht gar nicht. Das wäre eine Verlockung. Nicht ehrbar, also Haram. Komm, such dir eine Farbe aus, Bärbel.«

Ich zögere. Entscheide mich für die bläulich-rosa Variante. Fatma sagt mir, das ich das Tuch erst in der Mitte zu einem Dreieck falten und am unteren Rand einen 5-cm-Abstand lassen muss.

»Hier, nimm zuerst das Bonnet um deine Haare, Bärbel.«

Ich binde es um.

»Dein Schrank ist aufgeräumt. So wie du deine Tücher nach Farbverlauf sortierst, sollte ich das mit meinen Pullis auch mal machen.«

Fatma zwängt eine hartnäckige Strähne, die weiter an meinem Leben teilnehmen will, unter das enggebundene schwarze Tuch. Sie strengt sich richtig an, um sie verschwinden zu lassen. Was wäre ich mit einer kurzen blonden Strähne an der Schläfe in den Augen Gottes? Eine Hure? Eine Sünderin? Gar die Verführung auf zwei etwas kräftigeren Beinen? Warum ist alles nur so streng?

»So sehe ich auch beim Schwimmen mit Badekappe aus,« sage ich und kratze meine Stirn.

Fatma findet den Vergleich nicht lustig. Sie hält mir, sehr konzentriert, das Kopftuch entgegen. Jetzt wird es ernst. Ich binde eine Weltanschauung um mein Haar. Ich erkenne mich nicht wieder. Ich schaue ernst aus dem Spiegel in den Raum. Ich drehe mich. Prüfe. Zupfe. Streiche über den kalten, glatten Stoff. Ich drehe mich von links nach rechts, ich trete zwei Schritte zurück und gehe auf den Spiegel zu. Schiebe meine Nasenspitze in Richtung Glas, trotz oder gerade wegen der großen Brille sehe ich einfach schlimm aus. Bin ich so eitel? Das Ungewohnte erschreckt mich. Kann es sein, dass der kulturelle Blick einer ganz anderen ästhetischen Erfahrung mich borniert sein lässt? Fatmas Gefühle will ich nicht verletzen, behalte meine Eitelkeit für mich. Garantiert werde ich mit diesem Aussehen niemanden verführen, oder vielleicht doch?

Ich muss an meine Großmutter denken, die auf den alten Fotos auch ein locker gebundenes Tuch um den Kopf trug. Das machte sie immer, wenn sie wandern ging oder eine Schiffsreise auf dem Rhein antrat. Sie war keine Muslima. Sie bekam nur schnell Ohrenschmerzen, und die Feuchtigkeit war nicht gut für ihre Haare.

Haare sind ja nicht nur in der Religion voller Symbolik und Bedeutung. Lange Haare sind auch eine Verführung in der Kunst, ja. Sie waren in den 1960er- und 1970er-Jahren sogar Teil einer politischen Protestbewegung. Mein Vater war nicht der Typ, der gegen den Vietnamkrieg auf die Straße ging, aber selbst er erstaunte mich auf den ersten Farbfotos mit extrem langem Haarwuchs. Das stand für Auflehnung. Gegen Gehorsam, Macht und eine Gesellschaft, die beides an die oberste Stelle setzt. Anders als John Lennon und Yoko Ono blieb er während seiner Flitterwochen mit meiner Mutter natürlich nicht im Hotelbett und rief: »Lasst die Haare wachsen, lasst sie wachsen – bis endlich der Friede da ist!« Meine Lehrer, meine Mentoren haben alle so getickt. Für uns Jugendliche waren lange, offene Haare ein Zeichen für Freiheit und Individualität. Das beeinflusst sicherlich meine Haltung zu offenen Haaren als Symbol des Friedens.

Als Muslima wäre ich vielleicht ein Muslim-Hipster. Das ist ja eine wachsende Gruppe sehr selbstbewusster Musliminnen, für die es keinen Unterschied mehr zwischen dem Islam und der Moderne gibt. Sie kleiden sich stylisch, fahren Longboards und tragen dabei auch ganz selbstverständlich einen Hidschab, ein Kopftuch wie die Kopfhörer. Jede macht es, wie sie es will. Stereotype und Vorurteile werden außer Kraft gesetzt.

Fatma ist kein Hipster. Sie versucht, die Gebote zu erfüllen. Und laut muslimischem Gebot sollen Haare hinten flach anliegen. Sie dürfen in ihren Augen nicht zu einem hohen Dutt, Zopf oder Hügel unter dem Tuch gebunden werden.

Das Seidentuch rutscht mir von der Stirn immer wieder auf den Brillenrand, sobald ich versuche, es hinten zu binden.

»An der Stirn darf es sich nicht kräuseln.« Fatma drückt mir ihren Zeigefinger zwischen die Augenbrauen. Es ist schwerer, als ich dachte. Ich vergesse den Knoten im Nacken und binde die Enden einfach um den Hals. Ich ziehe das Stirnteil Stück für Stück nach hinten. Vom Muslim-Hipster bin ich gerade Lichtjahre entfernt. Ich lache und merke, während ich laut lache: Mein Herz klopft. Wie kann ein 80x80-cm-Tuch mein Herz so schnell schlagen lassen? Ich fühle mich gehemmt, verklemmt, fremd und zugleich aufgewühlt.

Fatma gefällt meine Lösung mit dem Knoten am Kehlkopf nicht. Sie öffnet ihn. Bindet das Tuch neu. Und schließt es vorne mit einer Stecknadel. »So kann es garantiert nicht mehr verrutschen«, sagt sie. Ich nicke ängstlich. Panik macht sich bei mir breit. Dieses Kopftuch macht an diesem Nachmittag etwas mit mir. Es verändert meinen Blick auf mich.

Das sind Fatmas Regeln zum Tragen des Kopftuches:

Haare dürfen nicht sichtbar sein
Knoten hinten nicht zu hoch
Hals am besten bedeckt
Lippenstift ist erlaubt

1,6 Milliarden Muslime gibt es, aber keinen einheitlichen Islam. Somalier, Indonesier, Türken, Iraner u. v. m. sind Muslime. Sufis, Aleviten, Sunniten und Schiiten leben den Islam. Säkular, modern, gemäßigt, radikal, liberal. Der Islam ist so vielschichtig.

Fatmas Tochter bindet sich ein Tuch beim Spielen um die Hüfte. Sie läuft damit um den Wohnzimmertisch. Ob sie wohl später ein Kopftuch tragen wird?

»So kann ich dich zum Opferfest mit in die Moschee nehmen, Bärbel. Jetzt gefällt mir das.« Sie schaut zufrieden.

Ich lache. »Gerne. Aber noch mal konvertiere ich nicht, Fatma, mach dir keine Hoffnung. Während ich sie in den Arm nehme und mich für die schöne Zeit bei ihr bedanke, wünsche ich mir, dass Fatmas Vater wieder gesund wird. Ich ziehe Jacke und Schuhe an, verabschiede mich.

Im Treppenhaus kommt mir ihre große Tochter entgegen und sagt: »Salam.« Ich frage mich, warum sie mir auf Arabisch »Friede sei mit dir« wünscht. Da erst fällt mir wieder ein, dass ich ja das Kopftuch noch trage. Ich nicke ihr zu und gehe Richtung U-Bahn.

Ich suche nach Kleingeld in meiner Hosentasche und nehme jede zweite Stufe zur Station Festhalle. Für einen Moment fühle ich mich leicht, zum ersten Mal seit Wochen. Mein Atem geht schneller. Ich spüre so viel Kraft, dass ich die Stufen noch mal hochsprinte und erneut runterhüpfe. Leben! Ich gestehe es mir ein und zu, ja, auch ohne Martin. Ich bin nicht tot. Ich lebe.

Meine Kopfhaut juckt unter dem Kopftuch. Ich kratze mich ganz vorsichtig von der Seite hinter dem rechten Ohr. Noch vier Minuten, bis die Bahn kommt. Ich gucke mich um. Messeende in Frankfurt. Internationale Messebesucher strömen Richtung Bahngleis. Graue Männer in grauen Anzügen, Frauen in dunklen Kostümen. Ich bin die Einzige mit Kopftuch. Alle warten im kalten Neonlicht zwischen den Betonpfeilern. Ich stehe dazwischen und schaue auf den Boden. Und spüre, welchen Einfluss Äußerlichkeiten doch auf mich haben und wie wichtig mir die Spiegelung durch andere ist. Das ärgert mich. Über den Tag habe ich viele Blickkontakte. Ich lächele in unserem Land der schmallippigen Bewohner und hängenden Mundwinkel die Menschen gerne an. *Smile, and the world smiles back to you.* Manchmal wird ein Wimpernschlagflirt daraus. Wärmender Sekundenblitz in die Seele und weiter geht das Leben.

Soll ich mich mit dem Kopftuch jetzt zurückhalten? Muss ich Erwartungen erfüllen, will ich das? Wenn ja, wessen? Für Fatma wäre es schon ein Verlust der Ehre, wenn sie einen verheirateten Mann mit Handschlag begrüßen würde. Ich bin nicht Fatma. Ich bin Bärbel und stehe mit einem bläulichen Kopftuch in einer U-Bahn-Station.

Noch drei Minuten. Ich stehe da und warte mit allen meinen Identitäten. Ich bin Deutsche, ich bin Jüdin, Cousine, Journalistin, Europäerin, Ehefrau, Demokratin, Freundin, Kollegin, Humanistin, Tochter, berufstätige Mutter, Nachbarin, ehrenamtlicher Teacher in the Road, Deutschlehrerin für Flüchtlinge und trauernde Schwester. So wie wir alle durch unser Leben gehen mit einer

Vielzahl an Identitäten. Ich bin nicht nur das Kopftuch, wenn ich hier stehe. Ich bin alles. Warum reduzieren wir Frauen mit verschleiertem Haar oft auf das Tuch? Warum wollen so viele von uns ihre anderen Identitäten nicht wahrnehmen?

Noch zwei Minuten, dann kommt die U4. Mein Blick fliegt zwischen der leuchtenden Anzeigentafel und der Werbung am Gleis gegenüber hin und her.

Die warme Schachtluft wird aufgewirbelt, ich spiegele mich in den Fenstern der U-Bahn und muss lachen. Lachen über diese Situation. Ich lache noch, als ich einsteige und mich auf den bunten Plastiksitz fallen lasse. Wäre mein Bruder nicht gestorben, hätte ich diese Schubladen meiner Eitelkeit nie entdeckt. Ich sehe es nicht als religiöse Reise. Das wäre eine Verletzung aller Gefühle wirklich gläubiger Muslime. Meine Tage unter dem Kopftuch sind ein mentaler Türöffner, um Frauen mit Kopftüchern nicht nur als Frauen mit Kopftüchern wahrzunehmen. Ich entdecke durch das Tuch die Welt der anderen, die zugleich meine ist. Mein Alltag, meine Nachbarn, meine Kollegen, meine Mitbürger.

Wir rasen durch den dunklen U-Bahn-Schacht. Türen öffnen und schließen sich. Vielleicht wäre es für uns alle gut, einige Stunden im Jahr in die Lebenswelt anderer einzutauchen. Wir wüssten dann, wie sich unsere Nachbarn und Kollegen fühlen. Teilen wir diese Erfahrung der gegenseitigen Neugier, gehen wir vielleicht sensibler miteinander um. Jüdische, muslimische, christliche Feiertage: Warum laden wir uns nicht gegenseitig dazu ein, um intensiver teilzuhaben? Die Haltestellen fliegen an mir vorbei, ich suche nach meinem Handy in der Tasche. Nächste Station: Dom/Römer.

»Yer özgür onlarin yaninda mi?«

»Wie bitte?«

»Yer özgür onlarin yaninda mi?«

»Ich spreche leider kein Türkisch.«

»Ai Gude, isch der Platz neben ihnen noch frei?«, fragt mich eine muslimische Frankfurterin in breitem Hessisch. Ich nicke und stelle fest, bei ihr guckt an der Seite eine dunkle Strähne raus.

8.

Trostpflaster mit Pirat

Oscar, unser jüngster Sohn, schenkt mir ein schwarzes Piratenpflaster. »Mama, das macht stark«, flüstert er mir ins rechte Ohr. Dabei streichelt er mit seiner kleinen klebrigen Hand über mein Gesicht. Ich fühle mich seit Tagen alles andere als stark. Mein Schultern kleben hochgezogen unter den Ohrmuscheln. Mein Körper schmerzt unter der Trauer. Vielleicht hilft da ein Piratenpflaster. Ich schmiere Schulbrote. Jeden Tag. Ich dusche wie jeden Tag. Ich koche wie jeden Tag. Ab und zu buche ich mir eine Thai-Massage in dem kleinen Laden bei uns an der Ecke. Es riecht dort nach Duftkerzen und Putzmitteln. Die Waschmaschine rattert leise in der Personalküche. Tong klettert mit ihrem zarten Gewicht auf die Massagebank. Sie drückt ihren Ellenbogen in meine Schulterblätter, verbiegt meine Beine und löst einige Blockaden auf. »Nig guud. Alles fest wie Stein. Mug du maken oft Massage«, ermahnt mich Tong immer wieder. Alleine durch ihre Berührungen und die Lockerung der versteinerten Schulterpunkte beginne ich zu heulen. Haltlos, schamlos schluchze ich meine schwarze Mascara in ihr helles Frotteetuch.

»Und wenn das Pflaster abgeht, Mama, dann leihe ich dir für eine Woche meinen Plüsch-Hasi. Der beschützt deine Träume.« Mein großer Sohn schlingt seine Arme um meinen Hals, bevor ich beide Jungs in die Schule schicke. Er drückt mir seinen geliebten Stoffhasen in den Schoß. Ich umarme beide, halte dieses kostbare Glück, atme es ein. Immer wieder schlinge ich die Arme um meinen Mann. Will von ihm gehalten werden, mir auf diese Weise vergegenwärtigen, dass es mich gibt. Weine hemmungslos auf seine weißen Hemden. Der Morgen ist schwer. Ich winke dem Schulbus hinterher und setze mich auf eine Bank am Westendplatz, gleich neben dem Spielplatz. Schaue den Kleinkindern beim Buddeln und Schaukeln zu. So viel Wärme brennt für Martin in mir. Unverbrauchte Liebe, die er nun nicht mehr abrufen kann. Ich will nichts von uns vergessen, will mich erinnern. An das Du und an das Ich im Wir. Sorglos wie die schaukelnden Kindergartenkinder wäre ich wieder gern.

Mein Mann baut mich unermüdlich und liebevoll auf. Er trägt mich durch diese schweren Wochen. Er ist mein Trostpflaster. Ohne ihn hätten wir das als Familie nicht geschafft. Für die Freundin meines Bruders, die in den letzten Jahren seinen Alltag teilte, muss es noch härter sein. Wenn sie aufwacht, ist das Bett neben ihr leer. Sie muss ihr Leben neu ausrichten. Lernen, Alltag alleine zu meistern. Jeder trauert für sich allein.

Die Trauer überfällt mich wie ein Tsunami. Ich kann die Tränen nicht kontrollieren, sie laufen einfach leise die Wange hinab. Tropfen auf Arbeitspapiere und graue Stoffhosen. Es passiert nach dem Haarefärben, wenn Cidem mir eine ihrer entspannenden Kopfmassagen verpasst und sie links und rechts an den Schläfen die richtigen Punkte drückt. Ich heule. Im Auto. Ich heule im Bett und beim Kaffee mit meinen Freundinnen Monika und Nicci. Martins Klingelton auf einem anderen Handy, ein Porsche-Oldtimer, der an der Ampel neben mir steht. Eine Bratwurst bei Stockinger in Bremen am Marktplatz, überall lauern Erinnerungsinseln. Vermintes Gelände. Tränenland. Ich liebe Inseln, aber es braucht Zeit, bis man von ihnen runterkommt. Betritt man eine unerwartet, dann bricht die Wunde wieder auf, blutet und juckt. Das ist gut. Es erinnert uns Lebende an die Toten. Nur solange wir immer und immer wieder von einem Verstorbenen erzählen, ist er nicht tot. Ein Mensch stirbt an seinem Todestag, aber in unseren Herzen lebt er weiter, solange wir von ihm berichten. Erst wenn alle, die ihn kannten, aufhören, an meinen Bruder zu denken, wenn sie aufhören, Geschichten von Martins Eigenschaften, Eigenarten und Ticks zu berichten, erst wenn keiner der Lebenden ihn mehr persönlich kennt, ist mein Bruder wirklich tot.

Trauer ist nicht programmierbar, sie kommt ungefragt um die Ecke und rammt dir ihre Faust ins Gesicht.

Trauer zieht dir mit einem Hockey-Schlenzer die Beine weg. Ohne Vorwarnung liegst du wimmernd am Boden.

Trauer zerfetzt dir deine Magenschleimhäute und lässt dich krampfen.

Trauer ist trostlos.

Trauer macht dich zu einem der einsamsten Menschen.

Die Realität anzunehmen ist ein extrem langer Weg, den du immer alleine gehst.

Gestern Nacht habe ich von Martin geträumt. Er saß mit blutigem Gesicht in einem Café und bestellte sich einen Espresso. Er aß ein Salamisandwich und verschickte dauernd Textnachrichten. Auf sein Display tropfte Blut. Ich rief seinen Namen, fühlte mich mindestens zehn Zentimeter kleiner und 20 Kilo schwerer, Martin guckte wie durch mich hindurch. Meine Fäuste trommelten an eine Glasscheibe, ich rief seinen Namen, bis die Scheibe beschlug. Er stand auf, zahlte und ging. Ich öffnete das Fenster und schaute in die Winternacht.

Ich schleppe mich durch die Welt. Funktioniere. Ich lache, ohne zu lachen. Ich laufe, ohne meine Beine zu spüren. Sehe, ohne Details wahrzunehmen. Ich brauche ein Geländer. Ich suche einen Halt, an dem ich mich wieder in die Senkrechte stemmen und meine Lebensgeister zurückgewinnen kann. »Hat Trauer einen Sinn«, frage ich mich wie im Hamsterrad, während ich Nacht um Nacht neben meinem Mann wachliege. Wäre der Schmerz ein anderer, wenn Martin an einer langen, schweren Krankheit gestorben wäre?

Vielleicht hätten wir uns noch öfter gesagt, wie sehr wir einander brauchen. Einander lieben.

Vielleicht hätten wir noch deutlicher Dinge ausgesprochen, die uns belastet haben.

Vielleicht hätten wir uns einfach voneinander verabschiedet. Uns in das Alleinsein zärtlich getragen. Vielleicht ...

Ich bin versteinert, so plötzlich, wie sein Unfalltod kam. Ich spüre weder Worte noch Gefühle. Ich vereise innerlich. Will alles abarbeiten. Erbschaftsangelegenheiten für die alten Eltern regeln. Mit der wenigen Zeit im Nacken, die meinem kranken Vater noch bleibt. Es ist ein Wettrennen auch im Angesicht seines Todes. Intensivstation. Rekonvaleszenz zu Hause, denn er will mich unterstützen. Er ist im Vollbesitz seiner geistigen Kräfte. Mehrmals pro Monat fliege ich in den Norden und sehe ihn. Wir halten uns an der Hand, ich streichele seine von den Spritzen gezeichnete papierdünne blau-violette Haut. Oft massiere ich sie ihm mit einer Handcreme. Wir müssen nicht reden, wir sind uns auch in der Stille nah. Hat er einen Mitbewohner im Krankenzimmer, der sprechen will, wenn wir miteinander schweigen, stört mich das. Ich bin egoistisch geworden, was die Restzeit mit meinem Vater angeht.

Er und meine Mutter kommen sich in diesen schweren, dunklen Monaten wieder näher. Schön, dass die seit mehr als drei Jahrzehnten Geschiedenen sich über den Tod ihres Sohnes am Ende wieder annähern! In der Trauer passieren überraschende Dinge. Wir alle werden durch den Tod vom Leben eingeholt. Alles geht so schnell vorüber. Dabei war dein Leben, Martin, noch dabei, sich zu entfalten. Mitten im Leben sind wir vom Tod umfangen.

Es gibt einen Ordner in meinem Büro, in diesen habe ich Trauerpost und tröstende Briefe abgeheftet. Ab und zu nehme ich ihn zur Hand. Setze mich auf meine grüne Couch und lese die Erinnerungen und lieben Gedanken von Freunden, Bekannten, Wegbegleitern meines Bruders durch. Viele schreiben über den Trost der unsichtbaren Welt. Eine seiner Freundinnen zitiert:

1 Korinther 13,12: Jetzt sehen wir nur ein unklares Bild in einem Spiegel; dann aber stehen wir Gott gegen-

über. Jetzt kennen wir ihn nur unvollkommen; dann aber werden wir ihn völlig kennen, so wie er uns jetzt schon kennt.

Lieber sind mir kleine Momente, in denen Freunde etwas mit ihm gemeinsam Erlebtes aufschreiben. Fußballspielen am See. Ein gemeinsames Reiseerlebnis. Ein Grillabend auf der Dachterrasse. Dabei wird er für mich lebendig. Ich wünsche mir dann, häufiger von ihm zu träumen.

9.

Warum beten?

»Einatmen!« Moussas dunkle Stimme schwingt durch den Raum. »Und langsam wieder ausatmen.«

Ich liege wie eine angespülte Robbe im Trainingsanzug auf der blauen Gummimatte. Die weiche Unterlage gehört dem Yogazentrum und riecht nach Schweiß. Mein Gesicht mag ich nicht darauf ablegen. Leider ließ sich das beim ersten dynamischen Sonnengruß zu Beginn der Stunde kaum vermeiden. Die 12 Asanas bringen mich in Schwung, wärmen, dehnen, strecken. Während dieser ersten Übungsabfolge verspüre ich oft kurz den Wunsch, die Stunde abzubrechen. Aber ich halte durch. Atme, stöhne und biege mich durch meine ersten 90 Minuten einer »Early-Bird-Yoga-Probestunde«. Ich halte die Baum-Stellung überraschend gut, obwohl ich zu dieser Zeit sonst schlafen darf. Versage aber kläglich in der Fisch-Asana. Der Frankfurter Yogi drückt seine Kniescheibe sanft in meine Wirbelsäule. Physisch klappt durch seinen sanften Druck an diesem Dienstag, was psychisch unmöglich ist, mich aufzurichten. Auch Moussa weiß, aus mir, dem Schreibtisch-Plumpsack, wird in 90 Minuten kein biegsames Mitglied des Bolschoi-Balletts. Meine Muskeln fühlen sich nach dieser anderthalbstündigen Qual trotzdem geschmeidiger an. Wie ein langgezogener Kaugummi, den man an heißen Sommertagen im Schwimmbad um den Zeigefinger wickelt. Ich war sogar bereit, meine Unterarme hinter den Schulterblättern zu verknoten. Um sechs Uhr früh. Moussa beugt sich vor. Sein frisch gewachster Oberkörper ist auf Augenhöhe.

»Jetzt noch tiefer in den Schmerz atmen, Bärbel. Nur ein biegsamer Rücken garantiert ein langes Leben.« Ich lache lieber nicht, aus Angst, mir durch die Zwerchfellzuckungen meine Schultergelenke auszurenken. Moussa geht barfuß durch den Raum, in dem es kurz vor Ende der Stunde noch strenger nach Schweiß riecht. Leise, fast beschwörend sagt er zu uns: »Meditiert über den Sonnenstrahl, der durch das Fenster bricht, hinweg. Stellt euch vor, wie dieser Strahl in seiner Quelle, der Sonne, existiert und eure Herzen jetzt und hier erleuchtet.« Okay. Kapiert. Ich bin das Licht. Atmen, nur weiteratmen. Die Probestunde neigt sich dem Ende, und ich spüre bereits heute den Muskelkater von morgen. »Das Universum ist ein Bewusstseinsstrom, lasst euch darin fallen. Denkt nichts. Legt eure Sorgen einfach in eine Glasschale neben euch. Sie sind nicht mehr existent.«

Ich stehe auf, rolle die Matte zusammen und verlasse das esoterische Bootcamp. Man muss ja nicht gleich verblöden auf dem Weg zu einem muskulösen Body.

»Zu viel Denken schadet der vollkommenen Einheit mit dem Nichts!«, hat uns sexy Moussa gleich zu Beginn der Stunde mit auf den Weg gegeben. Klar, wer so viel trainiert, liest selten das Feuilleton der FAZ. Dabei hat er sich langsam mit einer Packung Streichhölzer über drei Kerzen gebeugt. »Seid achtsam. In allem, was ihr tut.« 30 weibliche Augenpaare haben ihre Achtsamkeit sofort auf Moussas String fokussiert, der sich glücklicherweise auf dem Weg von Kerze eins zu Kerze zwei zeigte.

An der Yogi-Bar trinke ich einen Chai-Latte. Kurse gibt es jeden Tag. Ausreden, diese nicht zu besuchen, auch. Jedenfalls entspannt Yoga. Mir gefällt die loftartige Hinterhofatmosphäre, die hypnotisierenden Brainwaves aus den Miniboxen. Sport hilft mir, schnell runterzukommen. Das Hamsterrad im Hirn für einige Viertelstunden anzuhalten. Kopfmotor ausschalten. Weder Martin, mein Handy noch mein Schmerz spielen in diesen Zeitfenstern eine Rolle. Urlaub vom Ich. Der Chai-Latte hat endlich die richtige Temperatur, um ihn trinken zu können. Ich lasse den Blick über die Regale des vollgestopften

Yogaklamottenshops gleiten, weiter über das Magnetboard mit den Asanas-Seminaren auf Mallorca oder in Tirol. Mein Blick fliegt aus dem Fenster.

Großstadtgrau.

An der Hausfassade schräg gegenüber klebt ein Zettel: JESUS LEBT!

Ist das ein Versteckspiel? Jesus will, dass wir ihn suchen. Nur wo fange ich an? Wie war noch mal die Postleitzahl von Gott? Beim Versteckspiel *Ene mene Eckstein, alles muss versteckt sein* muss jeder Mitspieler in seinem Versteck sein. Bei »Ich komme« beginnt die Suche. Alle Kinder und Eltern kennen das. Der Suchende macht sich auf den Weg, die Mitspieler zu finden. Sie existieren, wir sehen sie nicht, da wir beim Zählen die Augen schließen. Muss ich endlich die Augen öffnen? Muss ich den ersten Schritt gehen und anfangen, Jesus zu suchen, um ihm zu begegnen? Jedenfalls empfehlen mir das Gläubige immer wieder. Mach die Augen auf, Bärbel. Suche Gott. Gott ist überall um dich herum. Ich habe ihn nie gesucht. Ihn nie vermisst. Ich habe ihn auch nie gerufen mit *Gott – ich komme!* Weder bei schlechten Noten noch bei dem Verlieren im Tennismatch. Nicht bei der Scheidung meiner Eltern, nicht in meiner unglücklichen Lehrzeit im Hotel. Nicht bei Liebeskummer und Trennungen. Weder bei Kays Tod noch bei Martins. Dabei war Verstecken in meiner Kindheit mein Lieblingsspiel. Nur die Kirschkerne mit der Zwille aus Omas Waschküche auf Fußgänger zu schießen, das war besser.

Eltern versuchen oft, ihren Kindern Gott, Allah oder Jesus nahezubringen. Auch bei uns war das so. Mein Vater saß nach einem langen Arbeitstag auf unserer Bettkante. Alles noch ohne WhatsApp-Gruppe, er sprach leise mit uns. Wollte wissen, wie unser Tag verlaufen ist. Kurz vor dem Einschlafen mussten wir die Kinderhände auf die Bettdecke legen, haben sie gefaltet und gemeinsam gebetet. Qualitytime mit Gott.

Kommunion, Konfirmation, Bar-Mitzvah, Bat-Mizvah, die muslimischen oder jüdischen Beschneidungsrituale sind Gelegenheiten für die Familie, Rituale zu leben und zu pflegen oder den ersten Austausch mit einem Rabbiner, Pastor oder Imam zu erleben. In allen monotheistischen Religionen wird Gott als allgegenwärtig angesehen. Er ist offen für unsere Ansprache. Gott braucht keinen bestimmten Ort, keine Opfergabe wie im Taoismus oder Buddhismus. Gott strebt das Gute an. Er wird sich durch unsere Gebete sicherlich nicht verändern, vielleicht ändert sich der Betende selbst aber durch das Gespräch mit Gott.

Sarah, die Frau unseres Rabbiners Chaim, hat auf meine Frage, ob man beten üben kann, mit Ja geantwortet.

»Wie kann ich das trainieren, Sarah?«, wollte ich von ihr wissen.

»Jeder, der gerade mit dem Joggen beginnt, weiß, es ist ein langer Weg zum Marathon. So ist das auch mit der Religion. Du musst trainieren wie ein Sportler, Bärbel. Jeden Tag. Und jeden Tag ein bisschen mehr.«

Das Gebet macht uns angeblich reiner, bewirkt unsere Entwicklung zum Guten. Egal ob wir es leise murmeln, laut singen, es spontan formulieren oder eine Litanei mit einer vorgegebenen Wortfolge sprechen, ein Kruzifix oder eine Gebetskette in den Händen halten, Worte zu Gott im Stillen aufsagen, egal ob wir auf einer harten Holzbank knien, den Kopf senken, auf einem Teppich beten, die Hände falten oder Richtung Himmel heben. Wir beten. Jesus hat gebetet und seine Schüler immer wieder zum Beten angehalten.

Auch mein Vater hat es versucht: »Ich bin klein, mein Herz ist rein, soll niemand darin wohnen, als Gott allein. Gute Nacht.« Er hat die Tür des Kinderzimmers einen Spalt offen gelassen, und Martin rief ihm fast jeden Abend hinterher: »Papa, ich bin bald groß und nicht mehr klein.« Der schwere Schritt meines Vaters machte auf dem Flur nie kehrt. Er muss Martin gehört haben. Jeden Abend. Nicht ein Mal hat er sich umgedreht. Mein Bruder und ich lagen in unserem Etagenbett. Er beugte sich von oben runter.

»Gute Nacht, Schwesterchen.«

Wir waren bestimmt schlechte Schüler in den Augen meines Vaters. Manchmal habe ich ihn leise aus seinem Schlafzimmer beten gehört. Als er das Krankenhaus nicht mehr verlassen konnte, hat sein Pfarrer ihm Gebete per Mail auf das Smartphone geschickt. Als Stärkung, für die kleine Auszeit während der Krankheit. Das Neue Testament lag mit all seinen Psalmen, Klagen, Bitten, Fürbitten, dem Vaterunser stets auf seinem Nachttisch.

Unser Vater hielt Tischgebete auch über unser Kindergekicher hinweg. Heute wird mir bewusst, wie alleine er mit seinem Glauben in unserer Familie war. Sicherlich ist es schöner, in eine Gemeinschaft eingebettet zu sein. Bestand er deshalb regelmäßig darauf, in die Kirche zu gehen? An den Feiertagen, wie Ostern und Weihnachten, suchte er die Gemeinschaft. Auch an einem sonnigen Sommertag machte er sich zu Fuß morgens auf den Weg zur Kirche. Half beim Bremer Kirchtag.

Martin und ich waren auf unserer Kindheitsinsel voller Glück und Liebe. Lachten darüber, dass Gott in unserem Herzen wohnen sollte. Uns ging es gut, wir zogen keine Verbindung zu Gott und unserem Glück. Wer als Erwachsener betet, wird in meinen Augen wieder zum kleinen Kind, das an Wunder glaubt. Ich möchte mich nicht mehr zum Kind machen. Betend vor Gott. Will einfach kein ohnmächtiger Bittsteller sein. Ich schaffe es, das Leben zu meistern, ohne den Herrn. Ohne Weisung. Anleitung. Führung. Erwachsensein ist anstrengend. Zu lernen, dass das Leben nicht nur schöne Seiten hat, ist schmerzhaft. Dass unsere Lebensachterbahn manchmal auch nach unten rast, ist eine schmerzhafte Erfahrung. Niemand hat uns vorgewarnt, als wir die behütete Kinderinsel verließen. Nur zu oft wollen wir unseren Lebensrucksack jemandem in die Hand drücken. Auch ich würde gerne jemanden bitten, diesen für mich zu schleppen. Aber wie oft haben wir die schweren Steine selbst hineingepackt? Wie oft können wir uns nicht vom Ballast lösen? Warum kleben wir scheinbar lieber an den Problemen, als endlich den befreienden Schlussstrich zu ziehen? Weil das Leben kein Spaziergang ist.

Nur zu gern hätte mein Vater gesehen, wenn wir ihn als Kinder häufiger in die Kirche begleitet hätten. Kirche war für mich kein Ort, um Neues zu erfahren. Eine überbordende Müdigkeit überfiel mich, sobald der Bremer Domchor mit seinem Gesang einsetzte. Wahre Gähnkrämpfe schüttelten mich. Ich erinnere mich an die Rippenstöße meiner Patentante Elisabeth, wenn Martin und ich Lachkrämpfe auf den Kirchenbänken bekamen. Kirche waren Gebote und Verbote für uns Kinder. Für meinen Vater war es der Ort des Auftankens, der Zwiesprache und des Kraftschöpfens.

Auch in meiner Synagoge diese Chance zu nutzen, darauf hat er mich, nach Martins Tod, verstärkt hingewiesen. »Geh und suche Gott. Er wird dir beistehen, Bärbel.« Mein Vater hat wirklich versucht, mir das Gespräch mit

Gott nahezubringen. Er konnte Gott nur in der Kirche begegnen. Der Kirchenraum selbst stimmt auch mich weich, sobald ich ihn betrete. Das mag am Licht, das durch die bunten Kirchenfenster bricht, liegen. Bei Kirchenbesichtigungen in den großen Sommerferien sitze ich gerne in einer der hinteren Reihen. Genieße die Kühle des Raumes. Denke an die Toten. Vielleicht bin ich an diesem stillen Ort auch nur meinem Schmerz näher. Die Toten umspülen mein Herz.

Ich kann Gott nicht bitten, mein Leben für mich zu leben. Es ist meins und nicht seines. Mein Vater kannte meine Haltung. Ich sah die Enttäuschung in seinen müden Augen. Das Geländer seines Lebens war nicht mein Geländer in der Krise. Fast verächtlich habe ich mit der Hand abgewunken, als führe ich freihändig auf dem Rad durch das Leben. Ich schaffe das, Papa. Ein tiefes Vertrauen sitzt in mir, nicht den Boden unter den Füßen zu verlieren. Beziehungen muss man pflegen, auch die mit Gott. Mit Freunden bin ich darin sehr gut, aber es käme mir nie in den Sinn, bei Gott zu klingeln, wenn ich am Boden liege. Nur in der Krise bei Gott anzuklopfen finde ich schäbig.

Den Menschen ist das Beten wichtig. Die Gebetszeiten regulieren, strukturieren den Tag. Sie geben ihnen Halt. Manchmal, wenn ich ehrlich bin, beneide ich sie darum.

Das tägliche Gebet, die Feiertage, der Antritt einer Reise, ein Krankenbesuch, das Empfangen einer schlechten Nachricht wären alles Möglichkeiten, Gottes Liebe zu erfahren. Das gilt für alle Religionen.

Im Judentum, meiner Religion, haben wir:

Siddur: Gebetbuch für Wochentage
Machsor: Gebetbuch für Feiertage

Morgengebet: Schachrit
Nachmittagsgebet: Mincha
Abendgebet: Maariv

Dreimal täglich zu beten ist für strenggläubige Männer Pflicht. Das geht auch ohne Rabbiner. Beten funktioniert überall, im Flieger und im Park. Kommen mindestens zehn Männer, die älter als 13 Jahre sind, zusammen, hat man schon eine kleine Synagoge.
Beten und Synagogenbesuche sind für Frauen keine Pflicht.

Die Gebetsrichtung ist Jerusalem, Richtung Tempelberg, oder das Herz wird einfach dem Vater im Himmel zugewandt.

Die Gebetssprache: möglichst Hebräisch/Ivrit

Es gibt:

Loblieder auf die Frau

Thora-Lesungen

Benediktionen (auf Gott, auf die Thora)

Schma Jisrael

Hallel (Lobpsalmen)

Bußgebete/Segenssprüche (Brachot) auf: Brot, Wein,
Kinder, beim Händewaschen, beim Empfangen von
negativen Nachrichten und auch bei einem freudigen
Anlass

Bittgebete, z.B. für eine erfolgreiche Reise

Jüdische Feiertage/Auswahl:

Sabbat /Freitagabend bis Samstagabend

Jom Kippur/Versöhnungsfest

Rosch ha-Schana/jüdisches Neujahrsfest/Pessachfest

Schawuot/Wochenfest

Sukkot/Laubhüttenfest

Und wie ist das im Islam? Gibt es Gemeinsamkeiten?

Von Fatma weiß ich, das Ritualgebet gehört zu den
fünf Säulen des Islam. Fünfmal pro Tag wird es gebetet,
anders als das Bittgebet, in dem Gott um Hilfe angerufen
wird. Innehalten fünfmal am Tag. Den Alltag einfach Alltag sein lassen und sich Allah zuwenden. Sechs Rezitatio-
nen, sechs Positionen in der richtigen Reihenfolge haben
die täglichen Salät-Gebete:

Fadschr – Morgengebet
Dhuhur – Mittagsgebet
Asr – Nachmittagsgebet
Maghrib – Abendgebet
Ischa – Nachtgebet

Bei Dhuhur und Asr werden nur lautlos die Lippen bewegt, Fadschr, Maghrib und Ischa werden laut gesprochen. Vor dem Gebet waschen sich Muslime. Die Hände bis zu den Ellenbogen, das Gesicht, Wasser wird über den Kopf gestrichen, und die Füße werden bis zu den Knöcheln gewaschen. Allah wird dem, der regelmäßig betet, alle Sünden am Tag des Gerichts auslöschen.

Es gibt neben den täglichen Anrufungen Allahs natürlich das Freitagsgebet, Festgebete, auch eines zum Fastenbrechen beim Opferfest. Finstergebet und Regengebet brauchen Muslime in Deutschland sicherlich weniger. Schließlich gibt es das Begräbnisgebet, das Tarawih-Gebet ist beim Ramadan nach dem Nachtgebet wichtig. Dann gibt es die Gebete des Reisenden und das Furchtgebet.

So viel Eigenes und doch so viele Schnittstellen bei den monotheistischen Religionen.

Warum nähern wir uns nicht an? Sind neugieriger, offener, aufeinander zuzugehen. Gehören wir nicht alle einer Familie an? Der Familie der Menschheit.

Mich irritiert es, dass Religionen oder die, die für sie sprechen, mehr trennen als zusammenführen.

Moussa öffnet die Fenster im Yoga-Raum. Die Teilnehmerinnen strömen heraus, bereit, ihren neuen Tag zu betreten. Zu wem und ob Moussa wohl betet? Vielleicht versenkt er sich in endlos langen Mantras? Oder hat schon das Arati, die Lichtkreiszeremonie, vor dem Verlassen seines Hauses durchgeführt. Ist er Hindu? Ein Emblem, ein Bildnis des Göttlichen trägt er jedenfalls nicht um den Hals. Vielleicht ruft er Gott über 108 Kugeln an einer Kette an, in einer Haltung des Respekts. Vielleicht ist er Buddhist. Vielleicht hat er zu Hause einen Schrein. Vielleicht ...

Beten ist persönlich. Ein intimer Akt. Viele tun es und sprechen nicht darüber.

Moussa reicht mir einen Vertragsentwurf. Ich ziehe mich um und hoffe auf einen Tag voller Liebe. Ich fühle mich gut. Seit langem. Das erste Mal.

10.

Irgendwie metallisch

Ich fahre mit der rechten Hand über die Kleidung in meinem Schrank. In einer Ecke habe ich ein blaues Poloshirt, zwei Pullis, eine dicke Winterjacke und Hosen zusammengefaltet, alles mit einer knallgrünen Schleife umwickelt. Ab und zu lege ich meinen Kopf darauf, versinke im weichen Stoff. Es riecht nicht mehr nach Martin. Es riecht jetzt nach chemischer Reinigung.

Die Autofirma, die seinen Unfallwagen bei sich auf dem Hof stehen hat, schickte mir vor einigen Tagen ein Paket mit blutgetränkter Kleidung, die noch im Wagen herumflog. Der Karton stank nach einer Mischung aus süßem Schweiß, Blut und Blei. Eine Winterjacke, Hosen, Pullis, Sachen, die er in Berlin tragen wollte. Alles muss aus der zerfetzten Sporttasche geflogen, sich im Wageninneren verteilt haben. Blutklumpen übersäten die Kleidung. Ich habe den Karton zum Trocknen für einige Tage in unseren Heizungsraum gestellt. In den Vorbereitungen für die Trauerfeier ihn dann aber vergessen. Nach wenigen Tagen kroch Martin durch die Ritzen. Er machte sich in der Wohnung breit. Es roch irgendwie metallisch.

Mein Bruder kommt in Kisten zu uns zurück.
Seine Klamotten im Pappkarton. Nach Frankfurt.
Sein Körper im Sarg. Nach Bremen.

Dort haben wir ein Familiengrab. Dort wollen unsere Eltern ihn begraben sehen. Mein Vater macht einen Termin beim Steinmetz. Fährt mit seiner Schwester hin und sucht einen grünlichen Stein aus. Der ist kleiner als der beige Sandstein, unter dem bereits meine Urgroßeltern, Großeltern und mein Onkel liegen. Er wählt einen goldfarbenen Schriftzug aus. Ein Stein neben dem Familienstein für den viel zu früh gestorbenen Sohn. »Eltern sollten nicht ihre Kinder begraben!«, wiederholt mein Vater in den Tagen vor der Beisetzung. Meine Eltern schalten Todesanzeigen. Die Freundin meines Bruders wählt ein schönes Foto für die Trauerfeier von Martin aus. Ich bestelle die Blumendekoration für seinen Sarg. Viel Weiß. Viel Grün. Rosen. Auf einem überbordenden Rosenbett soll er gebettet sein. Mein Bruder. Der Sarg ist mit cremefarbenen Decken und Kissen ausgestattet. Meine Mutter weint viel. Mein Vater will nicht alles entscheiden. Er weint leiser als meine Mutter. Eher ein Auswischen der Augenwinkel als ein lautes Schluchzen. Wir werden dünnhäutig. Wir besprechen die Anzahlt der Kerzenleuchter, den Standort des Gästebuches. Meine Tante organisiert den Pastor. Meine Mutter wählt die Musik aus. Lange Diskussionen über die Anzahl der Redner, das Mittagessen. Einladungen versenden, Freunde und Familie über die Beisetzung informieren. Routinefragen für den Spezialisten des Beerdigungsinstitutes. Neuland für die Angehörigen. Ablenkungsmanöver, um irgendetwas für den toten Sohn zu tun. Sich um ihn zu kümmern. Elternschaft zu leben an einem toten Kind. Es ist ein verzweifelter Versuch, mit wackeligen Schritten zu lernen: Der Sohn ist tot. Der Bruder ist tot. Der Freund ist tot. Es ist irreal, dass ich vor einem Ordner mit Schutzfolien sitze und Danksagungskarten für die Zeit nach der Beerdigung mit aussuchen soll. Wir planen sein Begräbnis, warum rastet hier denn keiner aus? Wie viel Kontrolle haben wir? Jetzt fehlt nur noch das Vorgespräch mit dem Pastor, das er mit meinen Eltern, Martins Freundin und mir führen will. Pastorenroutine.

Der Mitarbeiter des Beerdigungsinstitutes bestätigt mir vier Tage nach dem Unfall am Telefon: »Ihr Bruder ist jetzt in Bremen angekommen.«

Angekommen. Das klingt so, als buche Martin einen Flug mit seinem Kumpel Ritsche nach Bremen, um sich mit ihm im Weserstadion ein Spiel vom SV Werder gegen den FC Bayern anzuschauen.

BIN ANGEKOMMEN. SIND AUF DEM WEG INS STADION. Das hat Martin mir so oft als Textmessage geschickt und MELDE MICH NACH DEM ERSTEN TOR! Genauso oft gesimst.

In den ersten Tagen nach seinem Tod rufe ich immer wieder seine Mailbox an. Höre seine Stimme, lege auf. Rufe an. Lausche. Träume von seinem Rückruf. Ich hinterlasse keine Nachricht. Rufe an und drücke das Handy ganz fest ans Ohr, damit er mir wieder und wieder in den Gehörgang kriecht. Nach der Beerdigung war das Spiel unheimlich. *Bitte hinterlassen Sie eine Nachricht, ich rufe Sie dann zurück.* Die Stimme eines Toten, so lebendig. So nah. Hunderte Male lege ich wieder auf. Kein Anschluss unter dieser Nummer. Scheiße, dieses Leben. Wir waren ein unschlagbares, kugelsicheres Dream-Team. Fühle mich super-nano-mikro-zwergen-winzig in Anbetracht seines Todes. Nur die Eltern sind noch machtloser, fassungsloser. In eine Kuhle müsste man sich drücken können, warten, bis der Schatten einen überquert hat, dann aufstehen, den Staub von der Hose abklopfen und einfach weiterleben, als wäre alles nur ein böser Traum. Aber das hier ist echt. Echter Schmerz.

Echte Lebenswunden. Ich wäre so gerne ehrlich zu mir selbst. Wünschte, ich könnte in diesen ersten Tagen und Wochen der Lebenswunden in den Spiegel schauen und mir sagen: Das geht vorbei. Nichts heilt, wenn man liebt.

Die Rückfahrt in den Norden Deutschlands, das war Martins letzte Reise mit dem Auto. Diesmal saß er, der selbst so gerne fuhr, nicht am Steuer. Lag in der Kiste, auf der Ablagefläche. In einem provisorischen Zinksarg rollt er zu seiner Familie, Freundin und Freunden entgegen. Auf dem Weg zum Familiengrab wird er noch einmal zum Friedhof gefahren werden. Endstation: ein Friedhof in Bremen, Martins Geburtsort. Martins letzte Adresse. Ihn ein letztes Mal ansehen, am offenen Sarg Abschied nehmen, das lehnt der Bestatter ab. *Behalten Sie ihn lieber so in Erinnerung, wie Sie ihn zuletzt gesehen haben!*, rät er meiner verzweifelten Mutter. Sie will ihren Sohn sehen. Sie will ihn verabschieden. Sie will ihm Liebe mit auf diese unbekannte Reise geben. Sie will ihm Dinge sagen, die sie gemeinsam verpasst haben. Meine Mutter hat sich schon beim Bestatter, der ihren Sohn direkt an der Autobahn aufgebahrt hat, auf den Sarg gelegt. Sie hat versucht, ihren Sohn durch den Deckel zu küssen, zu streicheln. Gibt es ein traurigeres Bild, als wenn sich eine Mutter auf den Sarg ihres Kindes legt?

Sie nimmt den Rat des Bestatters an. Schreibt einen Brief an ihren Sohn, der in den Sarg gelegt wird. Ob er ihn lesen kann? Spüren die Toten die Tränen der Lebenden?

Ich will sichergehen, dass es wirklich mein kleiner Bruder ist, den wir übermorgen betrauern. Nur einen winzigen Teil seines Körpers will ich sehen. Seine Hand. Martin hatte markante Daumen, daran werde ich ihn erkennen. Danach werde ich ruhiger sein. Ich diskutiere mit dem Beerdigungsinstitut. Mehrmals und lange. Telefon, Mailverkehr. Ich bekomme einen Termin. Im Untergeschoss. In der Kühlkammer. Dort lagert mein Bruder bis zur Erdbestattung.

Behalten Sie ihn lieber so in Erinnerung, wie Sie ihn zuletzt gesehen haben!, rät auch mir der Mitarbeiter. Martins Herz hat vor sechs Tagen in Bayreuth aufgehört zu schlagen. Durch seine Adern fließt kein Blut mehr. Alle Organe, Muskeln und Nerven haben ihre Funktionen aufgegeben. Muskeln, die sich gerne beim Rennradfahren, Tennisspielen, Schneeschuhwandern und Segeln gequält haben. Muskeln und ein Schultergelenk, das beim Skifahren zertrümmert, in Frankfurt mehrfach operiert wurde.

Der Übergang vom Leben in den Tod ist das Sterben. Es dauerte bei Martin nur einen Wimpernschlag. Das jähe Ende eines mit uns verbundenen Lebens. Verwandte, christliche und jüdische Freunde erzählen mir immer wieder, dass mein Bruder weiterlebt. In anderen Sphären. Martin sei da oben, im Himmel, im Paradies, von Wolke sieben würde er ein Auge auf uns werfen. Sie wollen mir Mut machen auf ein Wiedersehen. Zeichnen ein Bild der gemeinsamen Glückseligkeit, das sich allerdings erst bei meinem Ableben erfüllen wird. Dass neben seinem Körper auch sein Geist und seine Seele aufgebrochen sind in eine andere Wirklichkeit, wiederholen sie. Wie gerne würde ich das glauben können. Ja, es wäre mir ein Trost, zu wissen, es ginge ihm gut. Nur, es will mir einfach nicht gelingen. Die Energie und die Gutgläubigkeit dazu fehlen. Ich war an der Unfallstelle. Ich habe den Unfallwagen gesehen. Keiner steigt da unversehrt hinaus und fliegt komplett wundenfrei gen Himmel. Immer und immer wieder bieten mir die Freunde dieses Bild als Trostgedanken an. Das Seelenpflaster bleibt nicht an mir haften. Wird mir nicht zum Trostspender.

Ich weiß, ich werde ihn nicht wiedersehen.
Nie.
Auf keiner Wolke.
Nirgends.
Es ist vorbei.

Loslassen zu lernen, ist die Aufgabe, vor der ich stehe. Leben heißt Chaos und Zufall. Dass mein Bruder tot ist, ist das Ergebnis zahlreicher Zufälle. Wenn das Leben dir einen Rucksack auf die Schultern hängt, in dem schwere Steine sind, die dich verwunden, die so weh tun, dass allein das Hingucken dir weh tut, dann muss es in meinen Augen dennoch Aufgabe der Lebenden sein, den Neuanfang zu wagen. Die ersten Schritte auf diesem neuen Weg, ohne die Toten, sind kaum zu gehen. Unmöglich erscheint die Aufgabe. Die Beine, mein gesamter Körper fühlt sich an, als trüge ich eine kiloschwere Bleiweste. Dennoch wage ich mich Schritt für Schritt in das neue Leben hinaus. Wie eine verstörte Schnecke strecke ich zaghaft meine Fühler aus. Stoße damit auf unbekanntes Terrain, weiche zurück.

Jeder Tag ist jetzt ein Tag.

Ich werde lernen, diese Schritte wieder zu gehen.

Alles ist endlich. Das Leben. Die Liebe. Aber in der Liebe hat man wenigstens die winzige Chance, sich neu zu verlieben. Mit 70-jährigen, geschiedenen Eltern ist die Chance auf einen weiteren Bruder bei mir gleich Null. Ich werde mich nicht der Welt entziehen, werde versuchen, keine Gefühle zu verhindern, keine Mauern um mein Herz bauen.

Leben riskieren.

Trauer ist vielleicht ein Vorwärtsfallen im Chaos des Lebens.

Ich stehe vor dem Kühlraum im Beerdigungsinstitut und warte. Es ist so still, dass ich die Stille hören kann. Eine Lüftung schnurrt leise. Der Mitarbeiter des Institutes hat alles vorbereitet. Schwarz-weiß-Fotos von Engeln an vermoosten Gräbern säumen den Flur. Der Mitarbeiter holt schnell den Schlüssel aus dem Büro. Hinter den

Türen liegen die Toten. Er kommt auf leisen Sohlen über den ultradicken Teppich zurück. Schließt auf. Drückt die Klinke herunter. Mit einem leisen Klicken öffnet sich die Tür. Kälte schlägt mir entgegen. Mitten im Raum steht ein schlichter Sarg. Ich atme heftig. Ich dachte, sie würden eine Schublade aufziehen. Wie ein Raumschiff steht der Sarg im Neonlicht. Der rothaarige Mitarbeiter blickt zu mir rüber. Ich nicke. Martin ist tot. Fuck, Gott. Wie mit dem Vorschlaghammer realisiere ich diese Tatsache. Endgültig. Wer hier liegt, kommt auch nicht mehr raus. Wer hier liegt, den hatte Gott nicht im Visier. Ich stelle mich hinter den Sarg, bin bereit, die Hand meines Bruders zu sehen. Sein Gesicht will ich so in Erinnerung behalten, wie ich es kannte. Lachend. Offen. Fröhlich. Der Bestatter öffnet den Sarg. Auf halber Strecke hält er inne. Verdeckt damit Martins Kopf. Vorsichtig hebt er den rechten Unterarm meines Bruders heraus. Ich würge. Tränen steigen hoch. Seine Haut wirkt marmoriert. Ich beuge mich ängstlich Richtung Hand und betrachte den Daumennagel. Er ist breit, flach, groß, rötlich-braun verfärbt.

Unverkennbar Martin.
Das ist mein Bruder.
Das war mein Bruder.

Zaghaft strecke ich meinen rechten Zeigefinger aus und beuge mich über den Sargdeckel. Berühre seinen

Daumen. Ein letztes Mal. Wie früher, als wir uns beim Cowboy- und Indianerspiel immer Daumen und Zeigefinger mit dem Fahrtenmesser angeritzt haben. Blutsgeschwister. Auf Wiedersehen, kleiner Bruder. Ich streichele noch mal sanft seinen Unterarm. Muss mich zwingen, nicht in sein zertrümmertes Gesicht zu schauen. Die Hand will nicht gleich zurück in den Sarg. Als winke mir mein Bruder ein letzte Mal. Totentanz. Der Bestattungsmitarbeiter schließt langsam den Sargdeckel. Stille. Er schaut mich nicht an. Tritt ein paar Schritte zurück. Ich fühle mich alleine, weine hemmungslos.

Noch am Nachmittag fliege ich nach Hause zu meinem Mann, zu unseren Söhnen, zu meiner Mutter. Zurück in mein Leben, bevor die Beerdigungsfeier beginnt.

Vom Flughafen fahre ich direkt zum Kickboxen. 90 Minuten Training. Gruppenkursus. Direkt in den Sandsack hauen. Die Bilder aus dem Kopf schlagen. Meine Hand haut noch zu, Martins nicht mehr. Schwitzend, die Realität vergessend. Ich power mich durch die Seilsprünge und Liegestütze. Meine Tränen verwischen sich mit dem Schweiß. Nach zwei Stunden Training und einem Saunagang bin ich weichgekämpft. Mir geht nicht aus dem Kopf, dass mein Bruder mucksmäuschenstill in Bremen in der Kühlkammer liegt. Gestorben sind doch bisher immer die anderen, jetzt wirft der Tod seinen Schatten auf mich.

Selma, die Mitarbeiterin in meiner Stammreinigung, wollte Martins Kleidung zunächst nicht annehmen. Nur ein Spezialpreis hat sie umgestimmt. Beim Abholen hingen die letzten Kleiderspuren meines Bruders, dem Mode immer wichtig war, auf sechs Drahtbügeln unter einer Plastikfolie. Während ich bezahle, ruft mich der Pastor an. Er will mit mir die letzten Details der Feierlichkeiten durchgehen. Nur nicht schon wieder weinen, Bärbel.

»Ja, die Lieder können sie spielen, Herr Pastor. Die hat meine Mutter ausgesucht.« Ich nehme von Selma das Wechselgeld entgegen, klemme mir das Handy umständlich ans Ohr. Greife nach den Bügeln.

Thomas, sein ältester Freund, wird reden und ich. Mein Autoschlüssel ist nicht auffindbar. Ich gehe zurück in die Reinigung, er liegt neben der Kasse.

»Ja, ich fühle mich der Sache gewachsen, bestimmt Herr Pastor. Danke, dass sie fragen.« Ich spiele die Heldin, ich tue, als ob ich mich im Griff habe. In Wirklichkeit rast mein Herz, und meine Seele schreit. Ich lege aus Verzweiflung den Kopf auf das Lenkrad. Jetzt nicht weinen, ermahne ich mich. Die Stimme des Pastors reißt mich wieder in die Gegenwart.

»Gerne, Herr Pastor. Mir gefällt ihre Idee mit einer Minute des Schweigens. Ja, bestimmt, jeder erinnert sich an ihn auf seine Weise. Auch meine Eltern wollen das. Besinnung. Richtig, kann nicht schaden, Herr Pastor.

Dann bis übermorgen. Auf dem Friedhof, ja, wir treffen uns im kleinen Seitenraum der Kirche. Gut. Auf Wiederhören.«

Die Vorbereitungen helfen zu begreifen, was passiert ist. Alles bewegt sich Richtung Beisetzung. Dem Toten ist es gleichgültig, ob sein Sargkissen schneeweiß oder cremebeige ist. All diese Rituale sind Trostpflaster des Kümmerns für die Hinterbliebenen. Wie organisiert eine Familie, die sich im Streit befindet, eine Beisetzung? Wie sitzt man gemeinsam trauernd vor dem Toten? Nach zehn Tagen sehnen alle die Beerdigung herbei. Nach einer Woche des Durchweinens kippt die Stimmung bei meinen Eltern. Sie wollen etwas abschließen, wie sie es nennen.

Während es im Christentum manchmal Tage dauert, bis die Beerdigung stattfindet, wird nach jüdischem Brauch der Tote spätestens nach 24 Stunden begraben. Die Trauerphase vor der Beerdigung nennen wir Aninut. Es ist die Zeit zwischen dem Eintritt des Todes und der raschen Beisetzung. Selbst tiefgläubige Juden sind in diesen Tagen von den religiösen Geboten, Ritualen entbunden.

Die Tage bis zu Martins Erdbestattung waren für alle lang. Erst musste die Polizei die Leiche freigeben. Die Überführung von Franken nach Bremen.

Aber die rasche Beisetzung in jüdischer Tradition hat für mich ein Problem, über das ich seit meinem Übertritt nachdenke. Wie erfahren meine Freunde so schnell vom Beerdigungstermin? Wie schaffen sie es so schnell nach Frankfurt? Beisetzungen finden bei Juden möglichst schnell, bestenfalls – wie gesagt – gleich am kommenden Tag nach Eintritt des Todes statt. Am Ende meines Lebens steht dann also niemand am Grab, weil die den Termin verpennt haben. Nur der kleine, versprengte Haufen an Familie. Absurd, dass ich immer wieder daran denke, auf der eigenen Beerdigung nicht genug Freunde um mich zu haben.

Der innere, ganz enge Trauerkreis besteht wohl in allen Religionen aus Eltern, Ehepartner, Kindern, Geschwistern. Damit er bei uns Juden wirklich zu erkennen ist, der traurige und trauernde Angehörige, reißen wir uns als Zeichen der Trauer vor der Beerdigung ein Stückchen der Kleidung ein. Meist ist es ein Schnitt am Kragen oder an der oberen Knopfleiste des Hemdes. Kria nennt man das Ritual. Als Trauernder bist du erkennbar. Markierst dich für die Umwelt, die dir dann hoffentlich mit Pietät und Respekt begegnet. Freunde, die weitere Verwandtschaft sind als äußerer Trauerkreis wichtig, denn sie schützen und begleiten die Familien.

Jeder ist mir mit seinen Anrufen, Besuchen oder mit ganz praktischer Hilfe eine Kraftstütze. Auch wenn die

Gelehrten sagen: »Tröste den Trauernden nicht, solange der Tote noch unbeerdigt vor ihm liegt.« Zu diesem Zeitpunkt ist der Kummer angeblich noch zu groß für Trost. Die lieb gemeinten Worte sickern nicht hindurch zum Herzen. Der Schock sitzt zu tief bei den Angehörigen. Die Beileidsbekundungen erreichen den inneren Kreis nicht.

Ich will den Gelehrten nicht widersprechen, aber mir haben sie alle gutgetan. Vielleicht gilt es auch nur für das kurze Zeitfenster bei den Muslimen und Juden, bis die Toten beerdigt sind.

Nach der Beerdigung beginnt in jüdischen Familien jedenfalls die Zeit der Schiwa, und zwar direkt nach dem Begräbnis. Sie dauert bis zum Morgen des siebten Tages. Die Trauer hat einen Anlaufpunkt, eine Adresse. Das Haus der trauernden Familie. Sie wird dieses für die kommende Woche der Schiwa auch nicht verlassen. Kann sich so, geschützt und von Freuden umhüllt, ganz auf die Trauer konzentrieren, sich im Schmerz fallenlassen. Es ist eine uralte Tradition, dass die Trauernden während der Schiwa nicht auf normalen, sondern niedrigeren Stühlen sitzen. Die Spiegel und Fotos des Verstorbenen werden in der Woche im ganzen Haus abgedeckt. Freunde, Bekannte, Mitglieder der Gemeinde halten das Gebot des Nichum Awejlim ein. Das Trösten der Trauernden. Sie kommen mit Bergen von Essen vorbei. Sie kochen, bringen Obst, Kaffee wird gereicht, es gibt Bagels und hartgekochte Eier, die den Kreislauf des ewigen Lebens symbolisieren. Es ist ein ständiges Kommen und Gehen, die Trauernden werden aufgefangen in der Gemeinschaft der Lebenden. Keiner ist nach einer Beisetzung dem Alleinsein in seinen vier Wänden ausgesetzt. Gebete werden vom Rabbiner zum Wohle des Verstorbenen gesprochen. Des Toten gute Taten, Anekdoten, witzige Momente, Erinnerungen werden ausgetauscht. Es wird geweint und gelacht.

Der Job ruht natürlich in diesen Tagen, nichts soll ablenken. Trauerkerzen werden angezündet. Sex, Musik, Shopping, Partys sind in dieser Zeit untersagt. Trauernde Männer rasieren sich in der Schiwawoche nicht den Bart, Haare werden nicht geschnitten, und man duscht oder badet nicht zum Vergnügen. Keine äußerlichen Eitelkeiten. Der Mensch soll sich wieder auf die tiefere Bedeutung des Lebens konzentrieren. Eitelkeit und Komfort haben keine Bedeutung in diesen schweren Tagen.

Ich habe immer wieder erlebt, dass viele, auch mir nahestehende Menschen, sich nicht getraut haben, mich nach Martins Tod zu besuchen. Nicht anriefen. Meiner Mutter nur eine Karte mit wenigen Worten der Anteilnahme geschrieben haben, statt sie zu besuchen. Abstand und Distanz statt Nähe und Herzenswärme. Vielen Freunden und Bekannten macht der Tod sicher selbst so viel Angst, dass sie keine Worte des Trostes finden. Wer selbst noch keinen Angehörigen begraben hat, dem ist der Schmerz der Trauer noch ein fremdes Land.

Nach Martins Tod habe ich oft die Worte gehört: »Ich wusste gar nicht, was ich zu dir sagen sollte.« Wie kann man nicht wissen, was man sagen soll? »Ich wollte nicht stören«, schrieb mir eine Freundin per SMS. Stören? Wie kann man stören, wenn man die Hand hält und nur ein Signal der Nähe sendet. Nach gemeinsamen Erlebnissen, nach Geschichten von, mit und über Martin habe ich gelechzt in den Monaten danach. Einige seiner Ex-Freundinnen riefen an, erzählten von Trennungen, Urlauben, Martins Lieblingsessen. Eine schöne, liebevolle Geschichte wird jeder über einen Verstorbenen kennen. Ich verstehe die Angst, habe aber kaum Verständnis, dass man sie nicht überwindet. Vor diesem Verblassen der gemeinsamen Lebensmomente haben wir Angehörigen doch alle Angst.

Trauer ist eine Auszeit für die Trauernden vom täglichen Leben. Ich konnte weder kochen, einkaufen noch im Café sitzen. Ich verspürte keine Lust, mich mit Freundinnen zu treffen, zu joggen, ins Kino zu gehen in den ersten Wochen nach Martins Tod. Es war die Zeit, mich in Gedanken ganz dem Bruder zu schenken. Zeit ist so wichtig, sich nicht drängen zu lassen, bloß rasch wieder zu funktionieren.

Nicht nur im Judentum drehen sich die Trauerpraktiken um den Menschen, um den wir beraubt wurden. Sie sollen helfen, die tote Seele zu ehren, damit ihr Aufstieg in ihren neuen, höheren Zustand beginnen kann. Trost anzunehmen. Teilnahme am Gebet. Das gemeinsame Thorastudium gehört dazu. Für den, der mag. In der Synagoge und auch zu Hause wird das Kaddisch als Totengebet gesprochen. Meist übernimmt diese Aufgabe der älteste Sohn.

Das Kaddisch

Erhoben und geheiligt werde sein großer Name.
Auf der Welt, die nach seinem Willen von Ihm
erschaffen wurde.
Sein Reich erstehe,
in eurem Leben in euren Tagen
und im Leben des ganzen Hauses Israel,
schnell und in nächster Zeit,
sprecht: Amen!
Sein großer Name sei gepriesen
in Ewigkeit und Ewigkeit der Ewigkeiten.
Gepriesen und gerühmt, verherrlicht,
erhoben, erhöht, gefeiert,

hocherhoben und gepriesen sei der Name des Heiligen,
gelobt sei er, hoch über jedem Lob und Gesang,
jeder Verherrlichung und Trostverheißung,
die je in der Welt gesprochen wurde,
sprecht: Amen!

Sieben Tage nach dem Begräbnis, nach einer Woche der Tränen, erheben sich alle und kehren langsam zurück zur Normalität des Alltags. Einige Trauerrituale bleiben für die nächsten 30 Tage, andere für ein ganzes Jahr bestehen. Man kann, *muss* sich natürlich nicht daran halten. Zum Beispiel sollte nicht sofort neue Kleidung eingekauft werden, Musik und die Teilnahme an fröhlichen Festen ist für einige Monate untersagt. All diese Traditionen, davon gibt es ja in jeder Religion welche, liefern den Rahmen, um die Verzweiflung zu kanalisieren. Angefangen vom unfassbaren Kummer, der Zurückgezogenheit, über den Bruch der Routine, dem Empfangen von Beileidsbekundungen bis zur langsamen Rückkehr in die Gegenwart, mit all den großen und kleinen Ärgernissen und Freuden. Vielleicht sind alle Rituale ein Ventil für den beginnenden Heilungsprozess. Sie sollen uns bloß dabei helfen, ins Leben zurückzukehren, nicht mit dem Todestag des geliebten Menschen selbst stehenzubleiben. Zu wissen, auch das eigene Leben darf, kann, nein *muss* wieder zu seinem Recht kommen. Trauern nicht nur als destruktiv erleben.

Trauer zerstört nicht nur, sie hat mir gezeigt, wieder intensiver zu fühlen. Die Liebe zu spüren, die mich umhüllt. Ja, die Liebe meines Bruders ist weg. Sie ist nicht zu ersetzen, das erkenne ich. Diese Wunde wird ein Leben lang bleiben. Mein Leben lang. Ich spüre die Handreichungen der anderen, mit der Aufforderung, ins Leben zurückzukommen. Ich spüre die Liebe meines Mannes, meiner Kinder, meiner Mutter.

11.

Aus der Zeit gefallen

Heute geht gar nichts. Ich bin aus der Zeit gefallen. Ziehe mir die Bettdecke über den Kopf. Will nicht aufstehen. Kann nicht aufstehen. Kraftlos. Der mickrige Rest meines Selbst strömt in die Matratze. Ich klebe am Laken. Ich stecke fest in dieser warmen Höhle. Lebe im Morgen- und Abendland. Schlafzimmerland.

Die Zimmerdecke wird mein Himmel.

Die Deckenlampe meine Sonne.

Das Bettzeug meine Blumenwiese.

Eine Welt, die mir nimmt, was ich liebe, kann mich mal.

Von unten schallt mein Alltag kehlig zu mir durch.

»Mama, der Hund muss raus.«

»Ich aber nicht.«

»Mama, Snoopy kackt gleich auf den Teppich.«

»Ist mir egal. Mir geht es auch beschissen.«

12.

Turritopsis dohrnii

Vier Monate später.

Immer noch hadere ich mit der Sterblichkeit. Warum lebt der Homo sapiens so kurz? Der Scolymastra joubini dagegen wird bis zu 10.000 Jahren alt. Diese arktischen Riesenschwämme jedenfalls sterben nicht von selbst. Hohe Widerstandskraft. Es sei denn, gewaltige Kräfte zerren am Schwamm. Stürme, Unterwasserströmungen oder bekloppte Taucher. Leider war Martin kein Schwamm. Leider war Martin kein Pantoffeltierchen. Die Einzeller haben die Chance, Milliarden von Jahren zu leben, weil sie sich immer wieder teilen können. Ihre DNA erfindet sich immer wieder neu, passt sich den Gegebenheiten an. Repariert. Angepasst. Es gibt also Lebewesen auf der Erde, die, zumindest in der Theorie, unsterblich sind. Das Pantoffeltierchen braucht nur Zugang zu Wasser, dann teilen sich seine Zellen schneller, als Justin Bieber die Freundin wechseln kann. Martin konnte auch teilen. Seinen Humor auf Facebook oder Carsharing. Hat auch nichts genutzt.

Dass der Mensch nach sieben Jahrzehnten voraussichtlich sterblich ist, empfinde ich als eine Katastrophe. Ich habe doch gerade erst verstanden, was es heißt, zu leben. Schon jage ich ohne Rückfahrtticket dem Planeten Älterwerden entgegen. Hätte ich gewusst, wie rasch die Zeit uns durch die Jahre jagt, ich hätte sie besser genutzt. Ich habe mich verschenkt. An die Zeit. Überschwänglich. Leidenschaftlich. Wir sind Eintagsfliegen in der Geschichte. Eintagsfliegen mit der Angst vor der Endlichkeit im Nacken. Eintagsfliegen mit der Sehnsucht nach mehr Lebenszeit.

Ab und zu wäre ich gerne eine Turritopsis dohrnii. Eine Meduse. Eine unsterbliche Qualle, die biologisch ewig lebt. Was würde es für mich bedeuten? Ewigkeit. Kann ich mir das vorstellen?

Das könnte bedeuten, Fehler machen zu dürfen. Und diese 100 Jahre später zu korrigieren. Irrwege im Lebensweg wären ohne Zeitdruck möglich. Das Leben wäre kein Wettlauf mit der Zeit. Statt ewig in der Vergangenheit oder für die Zukunft leben zu müssen, könnte ich mich in der Gegenwart entspannen: weil Zeit. Was du heute kannst besorgen, geht auch in 300 Jahren. Ande-

rerseits wäre ich vielleicht risikobereiter ohne das Damo-
klesschwert des Todes über mir. Würde wahrscheinlich
viel zu viel riskieren. Unvorsichtig werden. Egal, es könnte ja nichts passieren.

Eines meiner Lieblingsbücher, das mich über Jahre
begleitet hat, ist die Geschichte von Fosca. Foscas Seele
ist schließlich 650 Jahre alt, physisch ist er wie ein 30-jäh-
riger Mann. Fosca ist die Hauptfigur in Simone de Beau-
voirs Werk »Alle Menschen sind sterblich«. Er kennt
keinen Zeitdruck. Richtig glücklich war er aber nicht.
Sein Leben wiederholt sich unendlich oft. Dauernd ist
Murmeltiertag. Während um ihn herum alle sterben.
Geliebte. Kinder. Enkelkinder. Er bleibt. Über Kriege und
Generationen hinweg. Fosca lebt. Irgendwann erkennt er
die Strafe des ewigen Lebens. Einerseits immer weiterzuleben, wenn die geliebten Menschen sterben. Andererseits erkennen zu müssen, dass sich in der Geschichte
immer alles wiederholt. Auseinandersetzungen, Gewalt,
Friedenspakt.

Würde ich ein ewiges Leben wirklich wollen?

Ich gehöre zur ersten Generation, in der die Frauen,
zumindest statistisch gesehen, weit über 80 Jahre alt werden. Unsere Generation ist geburtenstark. Wir sind viele.
Es gibt einen Wettbewerb am Arbeitsmarkt. Wir kennen

kaum soziales Elend, die Eltern, Großeltern, Zuwanderer haben vieles aufgebaut, wir halten den Status. Wir sind flexibler als die Alten. Wir sind internationaler orientiert, wir wirken jünger, als wir sind. Wir sind die Kinder ohne Kriegserlebnisse. Wir kennen den kalten, aber keinen realen Krieg. Während ich lebe, explodieren die Therapiemöglichkeiten für Krankheiten, die noch vor 30 Jahren ein Todesurteil waren. Aids. Krebs ...

Aber auch ich schiebe schon wie ein leicht lädierter Gebrauchtwagen durch die Gegend. Bei guter Beleuchtung und viel Schlaf ist der Alterungsprozess nicht gleich sichtbar. Alles Theorie. Alles Statistik. Alles beim anderen. Nicht bei Martin. Nichts stimmte. 46 Jahre. Tot. Zerquetscht im eigenen Auto. Eine Blutlache. Ein Knochenmeer.

Martins Freunde, die jüngeren, netzaffinen, die, die seinen Tod nicht akzeptieren können, versuchen das mit der Sterblichkeit zu verdrängen. Im Internet finden sie die Antwort. Sie haben mich mehrfach gebeten, eine Trauerseite im Netz für Martin einzurichten. Trauerpost zu schreiben sei out und im Netz könnten sich alle seine Freunde treffen, mit und über ihn sprechen. Ewiges Leben im Netz? Uhren ohne Zeiger. Im Hintergrund die Galaxien. Fehlt nur noch die Glaskugel. Ich checke. Ich checke solche Seiten und sehe Krebserkrankte, zu früh gegangene Unfalltote mit ihren Passfotos vor verschneiten Landschaften. Melancholische, sanfte Klänge über jäh abgebrochenen Lebensläufen. Netzthränen. Will ich das?

Mir ist das zu exhibitionistisch. Zu beliebig. Vielleicht wird nach dem siebenhundertsten Post der eigentliche Anlass für eine solche Seite in den Hintergrund gestellt, hier die Trauer um meinen Bruder. Die Community stellt sich selbst in den Mittelpunkt und verlässt die Grundlage des Gespräches. Wie glücklich wäre ich, wenn noch mehr als nur einer seiner Freunde zu einem Briefbogen gegriffen hätte. Sich angestrengt und in Ruhe, mit einem Stift in der Hand mir ein paar persönliche Zeilen geschrieben hätte. Dann den Umschlag zugeklebt. Eine Briefmarke und meine Adresse per Hand drauf und dann der Gang zum Briefkasten. Das wäre etwas Besonderes. Das wäre etwas Individuelles. Dieser Person und mir würde der Austausch der tröstenden Worte gehören. Dieser Briefwechsel wäre privat. Das würde mich wirklich berühren. Und in diesem Punkt bin ich gern oldschool.

Auch meine Freundin Susi, die ein Netzfreak ist, half ihrer Mutter, nachdem deren Hund Joshi, ein Pekinese, gestorben war. Ihre Mutter, eine Hundenärrin, hoffte nun, dass ihr Hündchen auch noch in 50 Jahren leben würde. Zumindest virtuell, weil jemand die YouTube-Filmchen ihres Vierbeiners anklickt. Wenn auch nur zufällig. Kein Hund wird wieder lebendig, nur weil es im

Netz YouTube-Videos von ihm gibt. Susis Mutter jedenfalls hing nur noch am Laptop und murmelte den Namen ihres toten Engels mit dem markanten Unterbiss. Immerhin wurde Joshi mit Hilfe der tierärztlichen Kunst 15 Hundejahre alt. Das entspricht einem gesegneten Menschenalter von 105 Jahren. Zeit, die Erde zu verlassen. Mit Leberwurst und seiner Lieblingshundedecke wurde Joshi auf einem Hundefriedhof bei Darmstadt feierlich beerdigt. Einem Rückzugsort für Tierbesitzer, wie es auf der Homepage heißt. Susi, ihre Mutter, deren Schwester, also Susis Tante, Susis drei Cousinen und ich nahmen Abschied vom Vierbeiner. Ich war nur dabei, weil Susi ihre Mutter auf dem Rücksitz trösten musste und nicht mit den Augen im Rückspiegel fahren wollte. Nach drei Gläsern Weißwein ist das auf allen Festen eine unserer besten Partystorys.

Ich musste einen Lachkrampf unterdrücken, als der Tierseelsorger Joshis Lebenslauf vorlas. Und ihre Mutter dies mit der Handycam aufzeichnete, kurz bevor Joshis Sarg unter der nassen Erde versank. Es fehlte nur die Abi-Durchschnittsnote von der Hundeschule. Dass Joshi der Held der Hundewiese war und gerne zum Hundefrisör ging, war für mich neu. Jedenfalls überraschte uns Susis Mutter nach der Beerdigung immer wieder aufs Neue. Erst neulich, in einer Gruppenrundmail, berichtete sie von ihrem allerneuesten Joshi-Coup. Sie teilte darin feierlich mit, dass sie eine virtuelle Grabstelle für Joshi eingerichtet hat. Und wir ihn dort jederzeit, unabhängig von Wind, Wetter, Friedhoföffnungszeiten auf der Trauerwebsite besuchen könnten. Ein Klick, und Joshi bekommt Besuch.

Susi versuchte wirklich tapfer, ihre Mutter immer wieder daran zu erinnern, der Hund sei tot und es sei nun Zeit, nach vorne zu schauen. Klick. Joshi am Strand, auf der Couch, auf dem Arm, am Napf, auf der Hundewiese, mit seinen Hundefreunden am See, auf dem Autorücksitz, auf dem Gepäckband am Flughafen. Und auf YouTube.

Susis Mutter sprach mich nach einigen Wochen an und fragte mich, ob ich nicht dasselbe für Martin tun wollte. »Bärbel, du kannst deinen Bruder nicht mehr sehen, aber durch die Website fühlst du ihn umso intensiver. Wie mein Joshi, der ja nun auch von Wölkchen zu Wölkchen springt.« Ich bin unsicher. Ich habe dieses Angebot ernsthaft geprüft. Aber für wen sollte Martin seine Privatheit verlieren? Für eine anonyme Masse? Seine engsten Freunde brauchen keinen Mr. Facebook, Mr. Google, Mr. YouTube, um sich an ihn zu erinnern. Hoffentlich tragen sie noch Originalbilder, persönliche Erlebnisse mit Martin in ihren Herzen.

Ich mag den beliebigen, sich selbst verlierenden Exhibitionismus der sozialen Netze an diesem Punkt überhaupt nicht. Weil jeder dauernd alles kommentiert, werden auch die Toten zerfleddert.

Spüre ich nicht erst dadurch das Leben, dass ich lerne, den Tod zu akzeptieren?

Und ist es wirklich so verrückt, eine Trauerkarte zu schreiben? Sich an den Tisch zu setzen und mit der Hand Gedanken zu Papier zu bringen, das ist sehr persönlich. Den Briefkasten zu öffnen und einen Trauerbrief in der Hand zu halten, das ist ein sehr besonderer Moment.

Die unsterblichen Quallen und Schwämme brauchen sich darüber keine Gedanken zu machen.

13.

Halbe
Gesichter

Ich blättere in den Fotoalben.
Die Jahreszahl mit Edding an den Rand geschrieben.

Badewannengrinsen
Kissenschlachten
Wattbilder
Spinatgesicht
Gießkannenkind
Schlauchbootfotos
Segelpartie mit Bier

Fotos 10x15 cm. Glänzend. Was bleibt? So viele, unendlich viele Fotos. Auf dem Laptop, dem iPhone. An
der Wand. In den Alben. Fotos. Grinsend. Stolz. Mar-

tin unter Palmen, mit Freundin im Arm, noch Fremde bitten, auf den Auslöser zu drücken. Paris. Unter dem Eiffelturm. Bilder mit ausgestrecktem Selfie-Arm. Halbe Gesichter. Ein Unterarm am Bildrand. Urlaubserinnerungen. Die Fotos bleiben die Zeugnisse seiner Welt. Sie werden verblassen. Ich weiß es. Und trotzdem die Hoffnung, vielleicht bleibt Martin mir dadurch ein Stück länger in Erinnerung. Ich will, dass mein Gedächtnis mich täuscht. Ich will die glücklichen Fotos sehen. Die runde Geburtstagsfeier des Vaters. Cheese und Klick. Festgehalten für die Ewigkeit, unser Lächeln. Bruder und Schwester. Arm in Arm. 20 Minuten zuvor der Streit um die Länge der eigenen Rede und den Kostenbeitrag zum Geschenk. Verdrängt. Darf nicht aufs Bild.

Fotos seiner Kindheit. Tennisspieler. In der Hängematte im Garten. Schulzeit. Klassenfahrt mit Thomas. Trompetenspieler. Pubertät. Trampen in Italien. Studium. Berlin. HdK. Brasilien und St. Gallen. Madonna-Fan. Auf Skiern in Lech. Jobs. Pro7, Couch Potatoes. Firmeneinstieg. Privates. Sardinien, immer wieder Sardinien.

Je länger ich darauf schaue, desto mehr stellt sich mir die Frage, was ich wirklich erfahre, wenn ich auf die Abzüge gucke. Kann man Glück fotografieren? Kann man Wut abbilden? Kann man Traurigkeit retuschieren? Was weiß ich von einem Menschen, wenn ich auf die Fotos schaue?

Wie viele Geheimnisse hat Martin mit ins Grab genommen? Was wurde nicht ausgesprochen? Was blieb von seiner Seele mir gegenüber verborgen? Wenige Fragmente. Lebenspuzzle.

Jeden Abend schaue ich mir diese Fotos an. Übersehe ich etwas? Projiziere ich meine Sehnsüchte in die Bilder hinein? Auf den letzten Fotos ist Martin gealtert. Man sieht ihm die Mitte 40 an. Wenige Haare. Einige Kilos zu viel auf den Rippen.

Ich kann nicht aufhören, mir die Fotos meines verstorbenen Bruders anzugucken.

14.

Moosgrün

Sieben Monate später. Es ist Frühling.

Menschen, die mit Bäumen sprechen oder diese umarmen, waren mir immer suspekt. Jetzt klammere ich mich selbst an eine glatte, blau-graue Rinde der weit ausladenden Buche. Versuche, mit meinen Fingerspitzen Julians Finger auf der anderen Seite des dicken Baumes zu erspüren. Erst wenn sich unser Kreis schließt, sagt mir der Mönch, können wir die Trauer abgeben. Wir beide bekommen das nicht hin. Unsere Fingerkuppen strecken ins Nichts. Unsere Arme schaffen es nicht, einen geschlossenen Kreis zu bilden. Erst macht sich Verzweiflung breit, jeder Teilnehmer will hier irgendetwas loswerden. Wir sind alle Verwundete, Vernarbte, Zurückgelassene.

Ich bekomme einen Lachkrampf. Julian heult. Ich lasse meine Hände fallen. Halte mir den Bauch. Kann nicht aufhören zu lachen. Das ist doch absurd. Ich wollte hier eine Woche lang schweigen. Jetzt drücke ich mich an Bäume, und aus den Fingern soll Liebe und Trauer fließen. Lachend winke ich ab. Das Lachen tut mir gut. Das ist mein seit Monaten verschüttetes Ich, das sich endlich wieder zurückmeldet. Freilachen, Bärbel, weiterlachen. Endlich wieder lachen. Ohne Scham.

Ich greife nach den weißen Turnschuhen und laufe barfuß über die Frühlingswiese zurück zum Haus. Das steht im Sauerland. Eine ehemalige Försterhütte auf einer Anhöhe. Graue Schieferplatten an der Hausfassade, ein weißer Zaun, in dem jede vierte Latte fehlt. Grüne Fensterläden, dahinter eine Waldwand aus zarten, hellgrünen Blättern. Irgendwo im Nirgendwo.

Zwei Pfauen schreiten umher, ein Hund bellt in der weit entfernten Nachbarschaft. *Willkommen im Haus des Schweigens*, so steht es im Prospekt. Die Stille und Abgeschiedenheit haben mich angelockt. Mich verführt, mir Ruhe und Zeit zu schenken. Durch den Alltag ist mir mein toter Bruder, ist mir unsere Zwiesprache entglitten. Ich ziehe die Handbremse. Eine Woche Ich-Zeit. Abstand. Von den Jobs, Freunden, Kindern, den herumliegenden Legosteinen, dem Drängen nach einem neuen Nintendo-Spiel, dem Hin-und Herfahren von und zu Geburtstagsfeiern, rausgewachsenen Hosen, Hockey-

oder Musikunterricht. Ich will weg vom Schmieren der Schulbrote von Montag bis Freitag um Punkt sieben Uhr. Ich kam mir vor wie ein Alltagsroboter. Gefangen in der Familienroutine. Mir fehlt die Zeit im Wochenrhythmus, um meinem Bruder zu begegnen. Wieder Kontakt zu ihm zu bekommen. Nur weg von den Fragen, ob die Zähne geputzt, die Hausaufgaben gemacht und das Kakaogeld eingepackt ist. Nur ich sein. Keine Tipps mehr, keinen Ratschlag mehr hören und schon gar kein »Na, geht es denn wieder, Bärbel?« oder »Die Zeit heilt doch alle Wunden, stimmts?«.

Ich esse wieder regelmäßig. Ich schlafe auch wieder etwas besser. Meine Gedanken schweifen umher, manchmal muss ich sie wie mit einem Lasso einfangen. Ich rede viel von früher. Von Konzerten, die ich mit Martin besucht habe, wenn ein bestimmter Song im Autoradio läuft. Ich singe laut mit, die Tränen laufen mir über die Wangen. Mein Herz klopft, und ich öffne das Fenster. Woher kommen nur diese ganzen Tränen? Ein salziges Bassin. Ein Wundenmeer. Die Freunde sind geduldig. Hören sich alle Storys an. Singen mit. Ich kaufe Klamotten von Labels, die er auch gerne getragen hat. Ich stalke seine Leidenschaften. Reise nach Italien, Lech am Arlberg oder Sylt. Orte, die Martin mochte. Wo er glücklich war. Ich reise zurück und bin traurig. Ich esse, was er gegessen hat. Salzbrezeln. Mettwurstbrote mit Ketchup. Trinke wieder Beck's Bier, ab und zu einen Gin Tonic, kaufe mir einen neuen Grill für den Balkon. Ich fühle ihn von Monat zu Monat weniger. Habe Angst zu vergessen, wie er roch. Wie Martin ging. Wie er saß. Sich über die Unterlippe leckte, durch die Zähne pfiff oder seine Hand vom Nacken her über den Kopf fahren ließ. Bei der Arbeit kann ich mich nicht immer hundertprozentig konzentrieren. Verwechsele Termine. Zeit für eine Auszeit, bevor meine Sicherungen durchglühen.

Der Zug stoppt am Sonntag in Siegen. Es ist später Nachmittag. Der erste sonnige Tag Anfang Mai. Hauptbahnhof. Ein Taxi erwartet Fahrgäste. Die beiden anderen Reisenden, die aus dem Zug steigen, werden von ihren Familien abgeholt. Der schwarze Rollkoffer liegt neben mir auf der Rückbank. Wiesen, Bauernhöfe, grasende Kühe und leerstehende Gasthöfe fliegen an mir vorbei. Der Taxometer rattert. Kurz vor der Ankunft im *Haus des Schweigens* habe ich plötzlich Sorge, dass mich dort ein perverser Axtmörder empfängt. Ein Freak, der uns Teilnehmer nur in die Einöde lockt, um uns dort in Ruhe zu zerstückeln. Vielleicht gibt es gar keine Gruppe, ich bin dort alleine, sobald das Taxi wieder abdreht. Kein Handyempfang. Kein WLAN, so steht es im Prospekt.

Mein Mann war darüber ganz traurig. Recht hat er. Wer würde uns orten können? Richtig. Niemand. Ich bin kurz davor, dem Taxifahrer auf die Schulter zu tippen und ihn zu bitten, mich sofort zurück zum Bahnhof zu fahren. Zu viel Natur schüchtert mich ein. Als Stadtmensch sind mir die Geräusche des Waldes, die Gerüche der Tiere und Pflanzen fremd. Verschrecken mich. Bezahlen. Aussteigen.

Ich trage den Rollkoffer die schiefen Treppenstufen hoch. Einige Teilnehmer trinken schon Tee aus einer großen Kanne, als die Rücklichter des Taxis den Berg langsam hinabrollen. Grünen Tee.

Der Koffer und ich klackern durch die Stille der großen Wohnküche. Warum habe ich mich nicht einfach in der Wohnung meiner Mutter eingenistet? Dort ist es auch ruhig, und ich kann die Küchenuhr ticken hören. Warum lasse ich mich immer wieder auf neue Menschen ein? Stille. Fünf Leute sitzen in einer Küche, und es ist nur der Wasserkocher auf der Herdplatte zu hören.

Haben die etwa schon angefangen mit dem Schweigen? Nicken. Freundliches Grüßen. Einer der Männer steht auf und trägt mir den Koffer ins Zimmer. Schweigend deutet er auf das Bett und die Nasszelle. Einzelzimmer. Waldblick. Auspacken.

Ich gehe die Treppe hinunter und frage mich, was ich hier suche. Noch immer Gott? Von allen Orten auf der Welt, würde er sich das Sauerland aussuchen, um mich zu finden? Suche ich noch immer eine Antwort auf die Sinnlosigkeit des Todes? Kann Gott mir tatsächlich bei der Aufarbeitung helfen? Hätte ich mich auf die Suche nach ihm begeben, wenn ich ausreichend Zeit für den Abschied von Martin gehabt hätte? Die Zeit des Abschiedes von meinem einzigen Bruder wurde mir genommen. Abrupter Tod. Unerwartet. Unangekündigt. Einfach so.

Jetzt bin ich hier. Seinetwegen. Meinetwegen.

Ich frage nach einem Kaffee. Reisen ermüdet mich. Begrüßungen, Händeschütteln. Schüchternes Lächeln. Ein Versuch, die vielen neuen Gegenüber einzuordnen. Typ alte Jungfer. Schüchterne Abiturientin. Tätowierter Goa-Hippie. Der hat mir den Koffer netterweise hochgetragen. Linkes, bestimmt kinderloses, schmallippiges Lehrerehepaar. Einsamer jüngerer Mann – Typ Nerd. Irgendjemand würde doch einen von uns vermissen, sollten wir hier ermordet werden, oder? Ich setze mich zum blassen Computerkid. »Julian«, murmelt er mir zu und macht mit seinem Stuhl etwas Platz. »Kaffee gibt es hier nicht, aber willst du einen Tee?« Ich nicke. Julian wird im Notfall bestimmt irgendwie kabellosen Kontakt zur Außenwelt herstellen können. So meine letzte Hoffnung. Er reicht mir einen Becher mit dem Siegener Stadtwappen. Jetzt sitze ich auch in der Runde, schweige. Warte. Ohne zu wissen, worauf. Ich umschließe den Becher mit den Händen, schaue mir den Küchenkalender der Siegener Einhorn-Apotheke an. Er steht noch auf März. Zeit ist eben relativ.

Bruder Jonas, der Hausherr und Organisator des Wochenseminars, tritt durch die Haustür ein. Er hat die

Pfauen gefüttert. Stellt die Futterschale mit Sonnenblumenkernen auf den alten Küchenschrank, reicht mir die Hand. Sie ist groß, fest und warm. Fühlt sich gut an. Er ist in Weiß-Braun gekleidet. Braune Ökosandalen. Weiße, dicke Wollsocken. Braune Hose. Weißer Wollpulli. Braune Weste. Weißer Schal. Er wirkt jünger, als er tatsächlich ist. Auf seinem kahlen Kopf tanzen drei Haare im Luftzug. Einige kämpfen sich aus den Ohrmuscheln in kleinen grau-weißen Grüppchen ans Licht. Er hat ein schönes, offenes Lächeln, das aus hellrosa Lippen hervortritt. Er war mal Mönch. In einem anderen Leben. Heute gehört er keiner buddhistischen Klostergemeinschaft mehr an. Nachdem er das Haus von seinen Eltern geerbt hat, zurückgekehrt ist und umgebaut hat. Jonas ist gerne alleine. Keine Frau. Keine Ehe. Keine Kinder. Dafür Tiere, die Natur und sich. Ein Einzelgänger. Der ab und zu die Nähe der Gemeinschaft sucht, indem schwererziehbare Jugendliche auf seinen kleinen Hof kommen. Lernen, Verantwortung zu tragen. Zunächst für die paar Tiere, später dann für sich selbst. Jonas bringt uns Stadtmenschen die Natur wieder näher. Er ist für mich der Herbergsvater des Schweigens. Ein Mönch des Waldes. Ich war mal eine Schwester. Das war auch in einem anderen Leben.

Jonas erklärt uns den Plan für die kommenden Tage. Pflichten gibt es kaum. Nur eine: der morgendliche Gang um den Brunnen. Schweigend. »Morgentau«, höre ich noch, als Julian aufbrummt. Fünf Uhr dreißig ist nicht seine Zeit. Lange Spaziergänge wird es geben. Schweigend werden wir die Mahlzeiten einnehmen. Wer Lust hat, kann zeichnen, die Pferde striegeln. Den Hühnerstall fegen. In der Hängematte liegen. Im Gemüsegarten arbeiten.

Mit sich sein. Klingt gut. Zu Hause füttere ich den Hund. Hühner sind mal was anderes.

Jonas verneint meine Lust auf Koffein für die kommenden Tage. Ich bin erschöpft. Gähne. Grüner Tee ist eben kein Espresso. Zaghaftes Kennenlernen. Sind Sie nicht die aus dem Fernsehen? Die Lehrer sind gar keine Lehrer, sondern Physiotherapeuten. Die schüchterne Abiturientin hat Prüfungsangst und auch sonst Angst. Viel Angst. So jung und schon so verschreckt, sie tut mir leid. Jonas weißt uns darauf hin, dass Schweigen unsicher machen kann. Es ist verstörend und irritierend in einer Welt der Sounds und Flatrate-Redner. Nicht antworten zu können. Nicht reagieren zu müssen auf Dinge, die wir erleben. Das, da ist sich Jonas sicher und guckt zu Julian und der Abiturientin, wird neu für uns sein. Nicht sofort zu fotografieren, den Moment nur für uns einzufangen. Für uns zu verarbeiten. Uns in unserer Reaktion auf ein Ereignis einzustellen, ohne die Reflexion des Gegenübers sofort einordnen zu müssen, ist ein Geschenk. Ich bin skeptisch. Die Gespräche mit meinem Mann sind für mich immer eine Bereicherung. Herausforderung und Austausch zugleich. Gedanken und Gefühle fliegen bei uns hin und her. Wie sehr wird mir das fehlen?

Es sind unsere letzten Sätze, bevor wir mit dem Schweigen beginnen. Einige Teilnehmer schauen verstohlen auf die Uhr, führen am Waldrand ein letztes Telefonat mit der Familie. Was soll man sagen, wenn man am Abend nichts mehr sagen darf? Die Uhr tickt. Zeit vergeht.

Unsere Worte erscheinen mir plötzlich nichtssagend. Sprache macht den Menschen aus. Sprache ist Teil unserer Identität. Unser Instrument der Kommunikation. Nur durch Worte fühle ich mich lebendig, kann Menschen berühren oder abstoßen. Bedrohen oder beeindrucken. Noch 30 Minuten. Jeder von uns scheint tonlos zu sich selbst zu sprechen. Sätze fliegen mir um die Ohren, ohne eine Antwort zu erwarten. Woher kommst du? Was machst du? Warum bist du hier? Trauer. Lebenskrise. Neuanfang. Neugier. Naturfreund. Abstand.

Ich habe schon immer gerne und viel gelesen. Mich immer und sofort mit Menschen aller Altersstufen und Herkunft unterhalten können. Schon als kleines Mädchen habe ich gerne gesprochen und den Geschichten anderer gelauscht. Dauernd erzählt, was ich den Tag über erlebt, wen ich getroffen habe. War Klassensprecherin. Wortführerin. Es war immer schwer, mich ruhigzustellen. Nur die Beats in den Clubs schafften das. Jetzt eine Woche ohne Worte.

Worte sind mein Beruf. Sprache kann bedrängen, trotz vieler Worte können sich Menschen unter Menschen mehr als einsam fühlen. Oft reden Menschen, ohne wirklich etwas zu sagen. Ein letzter Blick auf die Verbindung zur Außenwelt, die nächsten Tage gehören nur mir. Im Sauerland. Noch vor Jahren unvorstellbar für mich. Die letzten Wort, die ich spreche, bevor Jonas uns bittet, die Smartphones in eine kleine, gelbe Holzkiste zu legen, sind mit meinem Mann: »Ich liebe dich.«

Hier zwischen den sanften Hügeln, auf den Kleewiesen will ich meine innere Stimme wiederentdecken. Dieser Ort ist unbelastet. Frei von Erinnerungen. Hier will ich schweigen und nachdenken. Über den Tod, mein Leben. Keine Ablenkung. Funktioniert das? Oder nehme ich mich sowieso immer und überall mit? Ein Gong läutet. Jonas legt seinen Zeigefinger auf seine Lippen. Julian lächelt zu mir rüber. Ich zwinkere ihm zu. Es geht los.

Bruder Jonas bittet uns, die Schuhe auszuziehen. Das macht er schnell und in einer für uns klar verständlichen Zeichensprache. Wir verlassen die Gemeinschaftsküche mit dem großen Holztisch. Ein buntes Grüppchen zusammengewürfelter Becher bleibt zurück. Teeschnüre hängen schlapp heraus. Eine hellblaue Zuckerdose, Tütenmilch und eine Schale mit Kandiszucker. Gehen raus in die frische Abendluft. Ich laufe selten barfuß herum. Mal zu Hause oder im Wattenmeer von Wangerooge. Hoffentlich gibt das keine Splitter in der Sohle. Stadt-

menschengedanken. Die Füße berühren die kalten Stein-
stufen, haben den ersten Kontakt mit dem Feldweg vor
der Einfahrt. Ich setze mein Füße auf wie eine Kranke, als
traute ich der Festigkeit des Bodens nicht. Tastend wie
auf einer Eisfläche gehe ich auf Zehenspitzen der Gruppe
hinterher. Verziehe bei jedem Schritt das Gesicht. Was
wird das Schweigen aus mir machen? Wie werde ich sein,
wenn ich zurückkomme?

Gehmeditation.
Wir sollen bewusst unsere Schritte um einen Apfelbaum herum setzen. Bewusstes Gehen. Jonas läuft vor.
Wie eine Entenmutter und wir hinterher. Abstand halten
und langsam gehen. Fuß vor Fuß. Ganz einfach. Anhe-
ben. Den Punkt des Aufsetzens suchen, Fuß absetzen.
Weitergehen. Julians Füße sind empfindlich, er läuft fast
wie auf heißen Kohlen. Stadtfüße. Neues Terrain. Fuß an-
heben, Befehl an Hirn: neuen Landeplatz für Schuhgröße
40 suchen. Absetzen. Vorgang wiederholen. Alltägliche
Bewegungen bewusst werden lassen. Ist gar nicht so einfach. Das Wunder des Körpers. Es funktioniert, ohne
dass wir darüber nachdenken. Das Gehirn, die Komman-
dozentrale, arbeitet ohne nachzudenken beim Gehen.
Ich laufe mich nicht in Trance. Dafür ist zu vieles neu.
Mein Kopf arbeitet ohne bewusste Anweisungen. Ein
reibungsloser Ablauf ist ein Geschenk. Bei Martin und
mir lief fast alles rund, jahrelang. Es gab Störungen im

Miteinander. Natürlich. Es gab Streit. Gegenseitige Verstörungen. Versöhnung. Auseinandersetzungen, dann der plötzliche Riss des gewohnten Ablaufs. Der Tod. Das Ende. Sein Ende. Ich konnte keinen Fuß mehr vor den anderen setzen. Ausnahmezustand. Stillstand.

Nach 50 Minuten weiß ich nicht mehr, wie oft ich den Apfelbaum umrundet habe. Im Gras haben wir eine Spur flachgelaufen. Ich schaue nicht mehr nach unten, mir ist es egal, ob ich möglicherweise auf einen Stein treten könnte. Ich hebe den Blick. Zeit verliert ihre Bedeutung an diesem Ort. Ich gehe. Nicht mehr und nicht weniger. Jeder Schritt ist ein neuer Schritt. Ich gehe. Nie die Wiederholung des ewig Gleichen. Frühlingsabend. Aufbruch der Natur. Mal trete ich auf einen Flecken Moos. Dann knirschen verwelkte Blätter vom letzten Herbst unter meinen Fußsohlen. Die Farbe meines Nagellacks wirkt fremd zwischen den prallen, grünen, sich in den Sommer kämpfenden Grashalmen. Wie zehn knallrote Blütenköpfe, die auf der Wiese landen. Zweige schieben sich unter meinen Weg. Jede Runde ist anders. Neu. Jeder Tag ist ein Tag. Ich gehe langsam, Schritt für Schritt, wieder zurück in mein Leben.

Einige Stunden später sitze ich bei einem Glas Tee in meinem Zimmer. Die Füße habe ich auf die Fensterbank gestützt. Ich trage die grüne Strickjacke, die mir meine Mutter im letzten Jahr geschenkt hat. Die Abendluft ist frisch. Ich atme ruhig. Kein Telefon, kein Netz, kein

WhatsApp. Hellbeige, einfache Möbel. In diesem Augenblick, in meiner Verfassung, ist dieses Zimmer am Waldrand gerade der schönste Ort für mich. Das Sprechen fehlt mir nicht. Das Schweigen entspannt. Vor einer Stunde haben erstaunlicherweise acht Menschen miteinander zu Abend gegessen, sich Brot, Käse, Wasser gereicht, ohne Worte zu verlieren. Es gab Gesten. Es gab Blicke der Sympathie. Mein Gehör erwacht, Nebentöne werden zu Hauptgeräuschen. Das Aufziehen eines Reißverschlusses durchtrennt die Stille. Das Putzen der Zähne, das Ablaufen der Spülung. Mein Atmen ist mein Sauerstoffzelt. Er verengt sich zu einem dünnen Luftzug in Phasen der Angst. Er wird zu einem kräftigen Strom, der den ganzen Körper aufblühen lässt, in Phasen voller Stärke. Ich atme ganz ruhig, mein Brustkorb entspannt sich. Wird geschmeidig. Über Wochen war er wie verengt. Wochenlang dachte ich, mein Herz bliebe stehen, der linke Arm schmerzte, stach. Eingemauertes Herz, Funktion auf Sparmodus.

Alles ist präsenter. Ich verlangsame in der Stille. Verinnerliche. Höre auf mein Innerstes. Höre auf mich. Wer bin ich ohne meinen Bruder? Immer noch ich und dennoch eine andere. Ein Teil meiner Lebensgeschichte ist abgeschnitten, nicht mehr teilbar, mit niemandem, ich muss lernen, das anzunehmen. Das ist meine Aufgabe. Weiterleben mit der Wunde.

Die Vögel zwitschern sich gegenseitig an. Nestbau. Neuanfang wie jedes Jahr bei ihnen. Ihre innere Uhr läuft weiter und weiter. Sie machen einfach weiter. In jedem Frühling wieder neu. Und Ich? Ich lebe in diesem Frühling auch noch. Ich bin kein Vogel, aber ich lebe. Bin Teil des Lebensspiels. Seit Martins Tod habe ich endlich für mich und meine Familie begriffen, dass im Leben zu jeder Zeit alles passieren kann. Den Kindern, meinem Mann, mir. Ein Anruf, und meine Welt wankt. Plötzlich. Ohne Vorwarnung. Das Leben ist Chaos und Zufall. Das macht mir Angst. Wie soll ich damit umgehen, jetzt, wo es mir widerfahren ist? Weiterleben wie die Vögel in jedem neuen Jahr?

Wie soll ich dem Leben wieder trauen, ohne in Angst zu erstarren? Der Tod hat mich kalt erwischt mit seiner Gnadenlosigkeit. Mache ich mich nicht lächerlich, wenn ich weiter plane, Zukunft träume? Ich will nicht, dass die Angst mich lähmt. Ich will nicht, dass die Angst mein Leben bestimmt.

Aber wie wäre es denn, wenn das Leben vorherbestimmt ist? Wenn oben im Himmelszelt ein Lenker einen Plan für mich ganz persönlich hat? Wenn das Schicksal es gut mir meint, danke ich Gott? Nein.

Beschimpfe ich Gott, wenn ich dem Zufall schutzlos in die Arme laufe? Nein.

Ich bleibe dabei: Nichts ist beherrschbar.
Nur leben. Im Hier. Im Heute. Danach nichts.

Ich will leben.

Weiterleben.

Dem Tod trotzen. Trotz Martins Unfall. Meine Antwort auf die Trauer ist, mich zu lieben, anderen Menschen Liebe zu schenken. Für andere Menschen da zu sein. Füreinander da zu sein. Anker zu sein in einer immer hektischer werdenden, entfremdeten Welt. Dem Kontrollverlust über die Nachricht des Todes hilflos gegenübergestanden zu haben, macht mir zu schaffen. Das kann jederzeit wieder passieren. Du weißt vor einer Krise nicht, wie du reagieren wirst. Es geschieht mit dir. Du strauchelst aus deiner Lebensbahn. Wer bist du, wenn du in eine Extremsituation taumelst? Wenn sich Freunde nicht so verhalten, wie du es erwartest? Wenn auf wenig nur noch Verlass ist und hinter Verhaltensfassaden die Gier und die hässliche Fratze auftaucht? Niemand kann sagen, wer er in der Krise sein wird. Das getriebene Blatt im Wind oder der Fels in der Brandung. Keiner kann das vorhersagen, auch du nicht. Erst dann, wenn du wieder das Ruder deines Lebens übernimmst, wird sich zeigen, wer du bist. Wie du dich verändert hast. Angsthasen werden zu Helden. Starke Charaktere verzagen in der Krise.

Es gibt kein Leben ohne Wunden. Schutzlos. Zu jeder Zeit, an jedem Ort. Ich bin letztlich gewachsen an meinen Krisen. Hatte die Chance, in den Abgrund zu schauen, und bin nicht völlig verzagt. Ich weiß heute, ich kann auch auf wackeligem Grund für eine begrenzte Zeit stehen. Ich weiß, ich kann überleben.

In meinem Leben gibt es jetzt nur eine neue Zeitrechnung. Das Davor und das Danach.

Die Tage vergehen wie im Flug. Schweigend.

Ich stapele das Brennholz, das Jonas vor zwei Wochen zerhackt hat. Dreieckige Scheite lege ich nebeneinander unter ein kleines Vordach. Ich habe Splitter in der Hand, arbeite weiter. Ohne Handschuhe. Das körperliche Arbeiten tut mir gut. Aus dem Vormittag wird der Nachmittag. Keine Uhr. Nur die Sonne steht anders. Ich sehe das Ergebnis am Abend. Die sauber gestapelte Holzreihe macht mich glücklich. Tagwerk. Am Abend brennt das Feuer im Kamin der Küche. Die Flammen tanzen an der Decke, werfen Schatten auf den Holztisch.

Spaziergang im Wald. Die Natur gibt mir Kraft, ich atme sie ein. Durch die Haut, die Haarspitzen, Nasenflügel. Ich pflücke einen wilden Blumenstrauß, stelle ihn in eine Wasserflasche neben mein Bett. Ich lege mich minutenlang auf eine Waldlichtung. Die Sonnenstrahlen brechen durch das Frühlingsgrün, kitzeln an meinen Wimpern, zwingen mich zu schauen. Natur zu erleben. Ich rolle den Abhang hinab. Lachend. Wo war ich nur so lange? Alles scheint auf mich gewartet zu haben. Der endlose Waldweg, die knospenden Farne am Wegesrand, die verwaisten Winterfutterstellen der Rehe. Ich will die Stärke der Natur mit in meinen Alltag zurücknehmen.

Zurück am Forsthaus suche ich jeden Tag der Woche den Kontakt mit der Erde. Schneide Rosenstöcke herab, grabe ein Beet um, schwimme in einem eiskalten Bach. Beim ersten Kontakt mit dem frühlingsfrischen Wasser kommt mir mein eigener Aufschrei fremd vor. Als wären die Stimmbänder nach fünf Tagen nicht mehr in der Lage, geschmeidig zu schwingen. Die Blätter rauschen in der Frühlingssonne um die Wette.

Die Gruppe hält es miteinander aus. Fremde unter einem Dach. Schweigend. Lesend. Schauend. Julian und ich spielen eine Runde Schach. Die Figuren schieben sich über das schwarz-weiße Brett. Blickkontakt, den Gegner abschätzen. Er gewinnt. Gib check! Leises Abklatschen. Stille. Wir hören nur das Öffnen des Schraubverschlusses einer Wasserflasche. Das Eingießen ins Glas wird zum Düsenjäger. Die Zeitungsseiten rascheln.

Wir nicken uns zu. Gehen jeden Abend still um die Buche. Wandern hintereinander. Schritt für Schritt. Wir sind Stumme, die durch ein Band der Stille verbunden sind.

Es tut mir gut, nichts sagen zu müssen.
Es tut mir gut, schweigen zu dürfen.

Es tut mir gut, keine Fragen zu stellen.

Es tut mir gut, keine Fragen beantworten zu müssen.

Es tut mir gut, einfach nur Ich zu sein.

Am dritten Abend ritze ich Martins Namen und sein Geburtsdatum mit einem Küchenmesser in einen Baumstamm. Saft tritt aus. Baumblut. Ich verletze den Baum, um an meinen Bruder zu erinnern. Bis zurück zum Forsthaus weine ich. Jonas wischt mir eine Träne von der Wange, als er mich ins Haus kommen sieht. Er spürt vieles, auch ohne Worte. Meine Gesichtszüge entspannen sich. Die kleinen Falten um die verweinten Augen glätten sich. Meine Tränen laufen langsamer über die Wangen. Sie tropfen auf die Buchseite. Ich fühle ihre Kühle, wische sie nicht ab. Sie sickern in das Papier. Werden Teil der Zeilen, die vor meinen Augen für Momente verschwimmen.

Schneller als erwartet kommt der letzte Morgen. Ich will verlängern, aber Jonas schickt uns zurück in unsere Leben.

Gepackte Taschen und Koffer stehen vor der Haustür. Das Sammeltaxi wurde gerufen. Julian umarmt mich umständlich, etwas linkisch. Wir lachen beide, seine ersten Worte sind: »Die Rochade hat deinen König leider nicht gerettet. Sorry.«

»Bekomme ich eine Revanche? Irgendwann.« Ich umarme ihn ebenfalls. Weiß nichts von ihm. In welches Leben wird er wohl fahren? Warum ist ein junger Mann an diesem Ort?

Hätte ich in seinem Alter diesen Platz der Stille gewählt, um Antworten zu finden?

»Klar. Jederzeit«, sagt Julian. Das Taxi hupt, bringt uns zum Bahnhof. Auf dem Weg in die Stadt piepsen unsere Handys. Wir sind wieder online. Auf Empfang.

Wer werde ich sein, wenn ich hierher einmal zurückkehre?

15.

In Jesus verliebt

Bei meiner Oma in der Küche hing ein Bild von Jesus. Aus dem STERN. Er hatte darauf lange, seidigbraune Locken. Einen Dreitagebart und einen haarigen, muskulösen Oberkörper. Ich war 13 und fand ihn schön. Wollte ihn kennenlernen. Kein Junge in meiner Klasse oder Parallelklasse, im Tennisclub oder im Konfirmandenunterricht war so sexy wie Jesus. Mein Pastor war dick, untersetzt und hatte eine näselnde Stimme, Lichtjahre von lockigem Haar und einem breiten Oberkörper entfernt. Keine Ahnung, warum meine Oma sich das Bild ausgerissen und mit Tesafilm an ihren Küchenschrank geklebt hat. Jesus hing direkt über dem Toaster. Wahrscheinlich frühstückten sie zusammen. Jesus und Oma. Jetzt war es zu spät, sie zu fragen, warum er da hing. Sie wusste schon länger nicht mehr, wer sie war. Wie sollte sie dann wissen, wer Jesus war? Oma war sich über Jahrzehnte sicher gewesen, dass Jesus sie liebt. Sie war sich auch sicher, dass sie ihm leibhaftig begegnen würde, sobald sie die Augen für immer schließen würde. Uns konnte sie seit Monaten nicht mehr richtig zuordnen. Mich hielt sie immer öfter für eine Cousine, die im Krieg von einer Bombe getroffen wurde. Die Stelle, an der die Bombe in ihr Elternhaus einschlug, hatte sie mir oft gezeigt. Da quietschten die alten Holzbohlen im Parkett so schön. Ein paar Tage zuvor hatten meine Eltern sie ins Heim gebracht. »Sonntags besuchen wir jetzt immer Oma«, hat mein Vater versucht mich zu trösten, als ihr Umzugswagen die Bremer Innenstadt verließ. Jetzt frühstückte sie in einem Vorort, im Liegen. Ohne Jesus. Mit einer Schnabeltasse.

Mein Vater lief mit einem Architekten im Schlepptau durch das Haus seiner Kindheit. Meine Eltern überlegten laut, welcher Raum welche neue Funktion erhalten und wo Wände eingerissen werden müssten.

Vorsichtig löste ich die Tesastreifen vom braunen Küchenschrank. Faltete Jesus zusammen und steckte ihn in meine Hosentasche. Ich legte mich in Omas altes Bett. Schloss die Augen. Jesus auf dem Kissen neben mir. Ich hoffte auf eine leibhaftige Begegnung mit ihm im Schlaf. Meine Oma konnte nicht irren. Ich setze ihr Werk nur fort. In diesen Wochen schlief ich mittags viel. Sehr zum Erstaunen meiner Mutter. Sie schleppte mich zum Arzt. Jesus ließ auf sich warten. Er erschien nie. Ich verliebte mich in Franz. Der war greifbarer, Gott sei Dank.

16.

Laubhüttenfest

Zehn Monate nach Martins Tod.

Die Sommermonate rinnen mir durch die Hände. Die Wochen verschwimmen im Sonnenlicht. Mein Sohn spielt Tennis. Ich sitze am Rand der Tennisturniere. Tröste und freue mich mit ihm. Sieg und Niederlage nah beieinander. Ich creme Kinderrücken ein. Packe Urlaubskoffer. Arbeite. Leiste Urlaubsvertretungen, bin alleine in der verwaisten Redaktion. Urlaubsunterbrechungen für ein Interview. Sommer-Job-Sonne-Job, alles fließt ineinander. Von Zeit zu Zeit gibt es jetzt Tage, da fällt mir erst am Abend auf, dass ich in den vergangenen Stunden kaum an Martin gedacht habe. Nicht dass ich ihn vergessen oder aus meinem Herzen gekickt habe. Nein. Ich habe den Schmerz des traurigen Verlustes nicht stündlich gefühlt. Verdrängt. Gelebt. Dafür schäme ich mich. Am Abend. Beim Blick in den Spiegel. Den Wattebausch mit der Schminke in der rechten Hand. Ich habe gelebt und einfach nicht an ihn gedacht. Weitergelebt, ohne ihn. Ich dusche. Steige ins Bett. Rede. Sex. Rede wieder. Lese. Creme mir das Gesicht ein. Schlafe.

Alles geschieht, dauernd. Während er da unten liegt. Stumm und allein. Unter dem Grabstein, in der Kiste, überdeckt von der schweren Erde. Es ist nicht, dass ich nicht an Martin denken will, ich habe es nicht getan. Einfach so. Unbewusst. Ich entschuldige mich bei ihm, komme mir schäbig vor. Habe ein schlechtes Gewissen. Hole sein Foto aus meinem Portemonnaie. Hebe es langsam hoch, schaue ihm in die Augen. Gebe dem Foto einen Kuss. Zwischen seine Nase und seine hellen Augenbrauen. Ein zarter Lippenstiftabdruck von mir. Bald ist das erste Jahr ohne meinen Bruder vorbei. Das Trauerjahr nimmt seinen Lauf. Oft habe ich gedacht, dass ich es nicht bis hierher schaffe. Die Sehnsucht, mich neben ihn zu legen, war groß. Die Hände graben sich in die Erde am Friedhof. Eine Hand auf der Schulter. Beruhige dich.

Oft habe ich gedacht, dass ich es nicht schaffe. Dieses Leben weiterzuleben. Warum leben? Wenn er da liegt? Wie wäre es gewesen, wenn ich keine Kinder, keinen Mann gehabt hätte, die mich immer wieder zurück in dieses Leben gezogen hätten. Hätte ich es geschafft?

Ich schaue mir unsere Fotos an und bin dankbar für jeden Tag. Für die Momente, die wir hatten. Er wird nie altern, mein Bruder. In meinem Kopf, in der Erinnerung, auf den Bildern, er bleibt jung. Stillstand in der Mitte des Lebens. Ich mache weiter. Ich habe nie gedacht, dass ich das schaffen werde.

Deborah baut die Laubhütte hinter der großen Frankfurter Synagoge für Sukkot auf. In wenigen Tagen beginnt das Laubhüttenfest. Sie schleppt Tannenzweige unter ihrem linken Arm, um die Hütte zu dekorieren. Mit dem rechten winkt sie mir zu und sagt: »Chag sameach, Bärbel. Komm doch rüber.« Ich stelle mein Rad ab und greife mir einen Schwung Tannenzweige.
Sie duften frisch.
Waldig.
Erdig.
Ewig.

Einige Männer der jüdischen Gemeinde hämmern die groben Holzlatten zusammen, zwischen denen sie in den kommenden Tagen essen werden. Jede Latte trägt eine Nummer, sodass alles ineinanderpasst. Schnell stehen die Außenwände. In der Mitte ein großer Holztisch. An den Seiten lange Bänke. Deborah ist eine orthodoxe Jüdin. Sie strahlt über das ganze Gesicht. Freut sich über meinen überraschenden Besuch. Wir trinken Kaffee aus

Plastikbechern, bevor wir beide die Kinder aus der Schule abholen müssen.

»Ich freue mich auf Sukkot!« Sie rührt den Zucker in der Tasse so schnell herum, dass dem schwindelig werden muss. Er gibt auf, löst sich. Wir sitzen in der provisorischen Hütte. Um uns herum wird gehämmert und gesägt. Sonnenstrahlen fallen auf den Tisch

»Die Feiertage sind Teil meines Lebensrhythmus. Ich kenne sie in- und auswendig. So, wie ich mir die Zahlen merken kann, kenne ich jeden hohen Feiertag«, sagt Deborah und blickt mich an.

»Gab es denn nie auch nur einen Tag in deinem Leben ohne Glauben?« Mir fällt es schwer, das zu verstehen. »Ich freue mich ja auch auf ein Mittagessen mit den Kindern in der Sukkah. Das ist ein bisschen wie picknicken mitten in der Stadt. Aber wir wandern doch nicht mehr wie die Hebräer durch die Wüste von Ägypten ins gelobte Land, Debbie. Wir sind in Frankfurt. Unser Supermarkt ist gleich um die Ecke, mein Auto hat Sitzheizung. Selbst am Rücken.«

»Stimmt«, erwidert Deborah, »das nutze ich genau wie du. Aber ich esse kosher, trenne milchiges und fleischiges Essen. Sabbat ruhe ich. Wir leben beide in einem festen Haus, haben ein Dach über dem Kopf. Sind nicht auf der Flucht. Wir sind weder Wind, Kälte noch Regen ausgesetzt. Ich weiß, das wir beide nicht mehr so wie die Vorfahren in der Vergangenheit leben. Sukkot ist ein Ritual. Rituale geben Ordnung. Die Hütte erinnert mich daran, dass es Zeiten gab, in denen Hebräern nur dieser Schutz blieb. Und ich weiß auch, dass in unserer Geschichte Flucht immer ein Thema war. Flucht ist schwer. Wenn ich heute die Nachrichten anschaue, die vielen flüchtenden Familien mit ihren Kindern auf dem Arm sehe, wird mir das Herz schwer. Sehe ihre Hoffnung in den Augen. Flucht ist allgegenwärtig. Flucht ist aktuell.«

Ich zupfe mir die herunterfallenden Tannennadeln aus meinen kurzen Haaren. Wische sie vom Holztisch und frage: »Wo hilft deine Religion? Wie gibt sie dir Sicherheit?«

»Schau, ich bin geschützt und umhüllt von gläubigen Verwandten. Meine Familie in Amerika und Kopenhagen hat schon in derselben Tradition gelebt wie ich heute. Wir leben seit Jahrhunderten in vielen Generationen unsere Tradition. Ja, ich ordne mein Leben den Worten Gottes unter, so wie sie in der Bibel stehen. Ohne Religion gibt es mich nicht, Bärbel.«

»Aber ich existiere doch auch, ohne zu glauben wie du. Ist denn mein Leben weniger wert als deines?«

»Das sage ich nicht. Ich brauche Gott für und in meinem Leben. Ich baue hier eine Hütte mit dir. Wir lassen sie gemeinsam entstehen. Langsam. Ich sehe, wie sie wächst. Vielleicht verstehst du nicht mal, warum du es machst, aber es bereitet dir Freude, egal, du baust die Hütte mit auf.«

»Und?«

»Erst handelst du nur. Später folgt dein Herz deinen Handlungen. Irgendwann fühlst du es.«

»Was denn?«, frage ich so hölzern wie die Latten um mich herum.

»Die Liebe. Gott. Langsam, ganz langsam wirst du sie spüren. Probiere es, Bärbel. Nicht fragen, einfach anfangen.«

»Ich spüre Gott, weil ich in dieser zugigen Laubhütte esse, die Kinder in ihr spielen und einige Gemeindemitglieder sogar darin übernachten?«

»Ich segne hier drin täglich vier Dinge. Diese vier Dinge repräsentieren uns Menschen.« Deborah steht auf und geht um den Tisch, greift in eine Kiste.

»Aha. Schieß los.«

Sie hält mir eine knallgelbe zitronenartige Frucht unter die Nase. Ihr Duft ist intensiv, die Farbe und Form fest und wunderschön.

»Das ist keine Zitrone. Ein Etrog. Der Paradiesapfel. Seine Schale ist dicker und der Geschmack intensiv. Im dritten Buch Mose 23,40 heißt es, man soll den Feststrauß aus Palmenzweig, Bachweide und Myrte in der rechten und den Etrog in der linken Hand beim Gebet halten. Etrog repräsentiert an Sukkot die Menschen, die Gutes tun wollen. Menschen, die lernen, in der Thora, in der Bibel, zu lesen. Sie soll sogar unfruchtbaren Frauen helfen, Nachwuchs zu bekommen.«

Ich atme den Duft der Frucht ein und beschließe, mir ein Kissen in der Farbe zu nähen. Die macht mir gute Laune. Sonnenstrahlen brechen durch die Hütte. Deborah fährt fort. »Die Hadassim, Myrtenzweige, riechen betörend, haben aber kaum Geschmack, sie sind ungenießbar. Sie stehen für die Menschen, die Gutes tun, aber nicht in der Bibel lesen. Bärbel, ich glaube, du bist wie ein Myrtenzweig.« Sie wirft sich weg vor Lachen. »Mache dir keine Sorgen.« Deborah nimmt mich in den Arm. »Wir sind alle Brüder und Schwestern. Egal wie intensiv jemand glaubt. Ich weiß, du trauerst um deinen Bruder. Für dich funktioniert das ohne Gebet. Es ist egal, an welchem Punkt du gerade stehst. Selbst wenn du noch nie in der Bibel auch nur einen Satz gelesen hast, bist du eine von uns. Wir sind alle Brüder und Schwestern. Gib mir mal die Arawot.«

»Den hier?«

»Nein, das ist der Palmenzweig. Ich meine die Bachweide. Sie hat weder Geruch noch Geschmack. Sie symbolisiert die Menschen, die weder beten noch in der Bibel lesen oder irgendetwas Gutes in ihrem Leben tun.«

»Und der Palmenzweig? Wofür steht er?«, will ich noch schnell von ihr wissen. Trinke dabei den Kaffee und fühle mich seltsam geborgen in dieser dreiwändigen Hütte, durch die man am Abend die Sterne sehen kann.

»Der Palmenzweig, der Lulav, gehört einem Dattelbaum. Dessen Früchte haben zwar Geschmack, sind aber völlig geruchlos. Sie stehen für die klugen Gelehrten, die alles über die Thora wissen, aber ihren Glauben nicht leben.«

Ihr Telefon klingelt. Sie verlässt für einige Minuten die Laubhütte. Ich lehne mich zurück. Atme aus und rieche erneut den Duft der Etrog. Ich fühle mich gut. Deborah bewertet mich nicht. Sie liest in der Thora. Sie hält ihre täglichen Gebete. Sie trägt, als fromme Frau, einen Scheitel. Schließlich sind wir alle Juden, sagt sie, auch wenn ich mich nur an den drei hohen Feiertagen in der Synagoge blicken lasse. Jom Kippur, Rosch ha-Schana und Pessach. Die Religion ist Teil von dir, hat Debbie eben zu mir gesagt. Selbst wenn ich sie nie lebe. Ich bin und bleibe Jüdin, Teil der Gemeinschaft. Das fühlt sich gut an. Wie ein Schatz, den ich besitze, auch wenn ich ihn nie auspacke.

Deborah kommt zurück. »Natürlich kann ich es jederzeit aktivieren, aufwecken, das Gespräch mit Gott«, setzt sie gleich wieder nahtlos an unserem Gespräch an. Früher oder später, da ist sie sich hundertprozentig sicher, wird sowieso jeder glauben und beginnen, in der Thora zu lesen.

»Hör mir zu Bärbel«, sie fordert mich auf, ihr direkt ins Gesicht zu sehen, »es ist bei einem Juden nicht so entscheidend, was du tatsächlich praktizierst. Je mehr du die Gesetze der Thora befolgst, desto besser für uns alle.

Denn nur, wenn sich alle auf der Welt an die religiösen Gebote halten, kommt der Messias zu uns herab. Du bist von Gott geschaffen und hast eine heilige Seele. Wir sind eine große Familie. Selbst wenn ein alter Jude stirbt, der wirklich nie eine Mitzwa, also etwas Gutes, gemacht hat, ist er ein Teil der Gemeinschaft.«

Deborah glaubt fest daran, dass der Allmächtige sich eines Tages auf Erden blicken lässt. Natürlich nur unter der Bedingung, dass wir uns alle gut und gerecht auf diesem Planeten verhalten, fleißig beten. Beten, beten, beten.

Kann es sein, dass Gott die Latte so hoch gehängt hat, damit er hier nicht erscheinen muss? Mir fällt es schwer, das zu glauben. Ich fordere Beweise.

»Gott hilft uns. Er ist mit mir jeden Tag. Wofür brauchst du denn noch Beweise? Nur Ungläubige verlangen dauernd danach. Glaube ist mehr als Vernunft. So viele große und kleine Wunder geschehen, die Menschen nicht erklären können. Warum sollte Gott nicht um uns sein? Sieh doch genauer hin. Deine Kinder sind gesund. Es wird Herbst, die Bauern fahren die Ernte mit den Früchten ein. Es gibt viele Zeichen, guck richtig hin.«

Wir trinken den Kaffee aus. Ich lege die Tannenzweige auf die oberen Holzbretter, die das löchrige Dach bilden. Ich schiebe mein Rad durch das Tor. Hole die Kinder am

Schultor ab. Wir teilen uns in der Eisdiele ein großes Spaghetti-Eis. Die Jungs erzählen von ihren Schulhofaben-
teuern und dem Deutschtest. Sie lachen, der Löffel fällt
zu Boden, Kinderarme schlingen sich um meinen Hals.
Rote Wangen. Ein abgebrochener Radiergummi. Das ist
mein Glück, sie so zu sehen. Sieht Deborah Gott in diesem Glück?

17.

Was wäre,
wenn ...

Was wäre, wenn Martin am 15.10.2013 verschlafen hätte?

Was wäre, wenn er nur zehn Minuten später das Haus verlassen hätte?

Was wäre, wenn sein Geschäftsfreund ihn angerufen hätte, um ihm mitzuteilen, dass er nicht nach Berlin kommen muss?

Was wäre, wenn Martin deswegen seine Reise verschoben hätte?

Was wäre, wenn es nicht geregnet hätte?

Was wäre, wenn Martin langsamer gefahren wäre?

Was wäre, wenn er an diesem Tag gar nicht Auto gefahren wäre?

Was wäre, wenn er eine andere Strecke gewählt hätte?

Was wäre, wenn er nicht den Porsche genommen hätte?

Was wäre, wenn er den LKW nicht überholt hätte?

Was wäre, wenn der Wagen sich nicht überschlagen hätte?

Was wäre, wenn Beifahrer im Auto gesessen hätten?

Was wäre, wenn er auf die andere Fahrbahn geschleudert worden wäre?

Was wäre, wenn er geduldiger gewesen wäre?

Was wäre, wenn er noch da wäre?

Was wäre, wenn Gott nicht geschlafen hätte?

Was wäre, wenn ich bei alldem, was passiert ist, an Gott und einen Plan glauben könnte?

18.

Fremdes Land

Siebenundvierzig Frühlinge
Siebenundvierzig Sommer
Siebenundvierzig Herbste
Sechsundvierzig Winter

hatte mein Bruder.

Wir sind Lichter, die ameisengleich auf diesem Planeten nach Krümeln vom Glückskuchen suchen. Wir lieben, strampeln, wachsen, lernen, pickeln, hoffen, planen,
stolpern, versagen, stehen auf, gehen weiter, verirren und
verschwenden uns an das, was wir Leben nennen.

Bin ich in meinem richtigen Leben? Träume ich von
einem anderen Leben?

Bei jedem Telefonat mit meinem Bruder habe ich ihn gefragt: »Martin, bist du glücklich? Bist du du?«

»Wer ist das schon?«, hat er darauf müde geantwortet.

Wir werden in eine Zeit, einen Ort hineingeboren, die und den sich niemand aussucht. Wir wachsen auf. Wir fliegen hinaus aus dem Elternnest. Gründen eine eigene Familie. Am Ende unserer Tage können wir nicht loslassen. Letzte Reise. Angst, Aufbruch, Alleinsein.

Fremdes Land.

Selbst mit 80 sprechen wir noch das große Wort Zukunft aus. Hängen an der Zukunft wie die Wäscheklammern an den Socken. Keiner will zum Gestern gehören. Dabei sein. Ich noch mittendrin. Wir klammern uns an das, was wir selbst mit 80 noch Zukunft nennen. Alle wollen in die Startmannschaft des Lebens. Keiner will auf die Ersatzbank. Keiner will das Spielfeld des Lebens frühzeitig verlassen. Und leider müssen das so viele. Auch ich denke ganz egoistisch: »Tod, geh weg. Hol die anderen. Ignorier mich ruhig, Tod. Schau mich nicht an. Ich will nur eines, leben. Leben. Wie mein Bruder leben wollte. Wer hat dich gebeten, ihn zu besuchen, Tod?« Martins Ende kam durch einen Genickbruch. Sofort. Hart. Brutal. Überraschend.

Mehr für ihn. Aber auch für uns.

Was würde ich geben, noch einmal 24 Stunden mit Martin verbringen zu können. Ich würde auf ihn zurennen und ihn so fest umarmen, dass er um Luft ringen und schreien würde: »Hey, Schwesterchen, bring mich bitte nicht um.« Bekochen würde ich ihn. Küssen würde ich ihn. Ihm sagen, wie stolz ich auf ihn bin. Aber auch, dass er manchmal ein riesiges Arschloch sein konnte. Weil Geschwister doch mittendrin, jederzeit und überhaupt streiten. Wenige Minuten später sich aber wieder in den Armen liegen. Weil er immer recht haben wollte, aber natürlich ich immer recht hatte. Ich würde ihm erzählen, wie mir diese Streitigkeiten fehlen und vor allen Dingen, wenn wir uns nach wenigen Minuten laut lachend wieder Witze erzählten. Ich würde uns beide rütteln, damit wir endlich alles aussprechen. Die Lebenslügen, die sich in den Jahren aufgebaut haben. Die Heucheleien über unsere Lebenskonzepte. Aber auch dass wir uns gebraucht und zusammen mehr erreicht haben, als wenn wir getrennte Wege gegangen wären. Ich würde endlich aussprechen, dass ich seinen Auto-Tick nicht ausstehen konnte. Aber ich würde ihm genauso sagen, wie ich jedes Mal vor Liebe dahinschmolz, wenn er in einem kleinen hessischen Bach bei Odenthal in seiner grünen Anglerspezialhose die Rute auswarf und beim Fliegenfischen erfolgreich sein wollte. Ich würde so viel mit ihm auszutauschen haben, und ich bin sicher, er auch mit mir, dass er schon alleine deswegen viele Jahre später hätte sterben können. Und wir würden die schon lange geplante Bootstour an der Côte d'Azur endlich machen. Und nach Paris müssen wir noch fahren, Martin, so wie damals, als wir jung waren. Eine Zigarre mit dir rauchen und in einem winzigen Chambre de bonne übernachten. Eine Firma würde ich wieder mit dir gründen. Weißt du, welche Lücke du hinterlässt, Martin? Ich würde ihn rütteln, um alles auszusprechen, was hinter unseren Mauern schlummert. Ich würde mich an seine Waden ketten, ihn bitten, bei uns zu bleiben. Ich würde versuchen, die Zeit anhalten. Ich schließe die Augen und spüre, wie mir die Tränen runterfließen. Nie wieder. Vorbei.

Elf Monate nach Martins Tod.

Bremen. Herzklinik. Intensivstation. Fremdes Land.

Ich frage mich, wie mein Vater bei diesem Geräuschpegel schlafen kann. Die Türen öffnen und schließen sich. Männer und Frauen in weißen Kittel, in weißen Gummischuhen, auf denen witzig bunte Figuren kleben, kommen herein, gehen hinaus. Temperatur messen. Notieren. Spritzen. Leben verlängert. Papas Leben verlängern. Aus dem aufgeschwemmten Körper das Wasser entsorgt. Herz, Nieren sind schwach. Ergebnis: noch mehr Wasser. Die Haut meines Vaters beginnt zu reißen. Hält der Spannung des von innen drückenden Wassers kaum stand. An den Waden, auf dem Handrücken ist sie dünn wie Blätterteig. Kubitus lauert unter der Decke.

Ein Tod auf Raten. Zeit zum Abschiednehmen. Mit Flugzeug und Bahn pendele ich zwischen Frankfurt und Bremen hin und her. Erwachsenwerden. Ich will die letzten Wochen mit meinem Vater festhalten. Dinge gutmachen. Wenig falsch machen. Einfach da sein. Manchmal fahre ich vormittags zu ihm. Erster Flieger. Lese ihm dann aus der Zeitung des Tages vor. Koalitionsstreit, Wiederwahl, Weltmeister. Er schließt die Augen. Er verschläft das Weltgeschehen. Hat keine Kraft mehr. Die Welt dreht sich weiter. Mit oder ohne ihn.

Was bleibt? Für wen? Für die große Welt nichts. Für mich, seine Tochter, alles. Für seine Familie Erinnerungen. Diese Erinnerung ist der Epilog seines Lebens, hört dieses Denken an ihn eines Tages auf, ist mein Vater endgültig tot. Ich reiße mich aus meinen Gedanken. Krankenhausmaschine-Piepsen.

Küsse seine Stirn, rase los, um den Zug zu erreichen, der mich wieder nach Hause bringt.

Zu Martins Beerdigung hat mein Vater seine letzten Kräfte mobilisiert. Hat über 60 Minuten allen Beerdigungsbesuchern am Grab die Hand gereicht. Sich umarmen lassen. Sohnloser Vater. Hat warme, tröstende Worte entgegengenommen. Vielleicht zum ersten Mal gemerkt: Sein Sohn war beliebt. Und dass es mit den beiden irgendwie nicht funktioniert hat. Beim Leichenschmaus hat mein Vater dann doch noch eine bewegende Rede gehalten. Über diesen Sohn, auf den er stolz war, aber dem er das zu Lebzeiten nicht sagen konnte. Dafür mussten wir ihn schon die Treppe hinauftragen. Stützen. Atempause. Langsam. Die Blumen auf Martins Grab sind noch frisch, und mein Vater welkt dahin. Sein Herz kaputt. Die Nieren auch. Beide werden gebraucht, um das Wasser des Menschen aus dem Körper abzupumpen. Bei meinem Vater ist davon nicht mehr die Rede. Das erledigen jetzt die Klinikmaschinen. Sie machen mir Angst. Er liegt zu Hause auf der Couch, bis ihm das Wasser bis zum Herzen hochkriecht. Dann sofort in die Klinik. Abpumpen zurück auf Normalgewicht. Sie hören nicht auf zu piepsen, die Maschinen. Aus allen Zimmern dringt der Überlebenston. Sie entscheiden auch über sein Überleben. Ihr Blinken, ihr Rhythmus, ihr Notton lassen mich fast durchdrehen.

So geht das jetzt seit Monaten. Die Abstände zwischen Wohnung-Klinik-Wohnung-Klinik werden immer kürzer. Wasser fließt rein. Entwässerungsmaschinen pumpen es wieder ab. Ich ahne: bald wieder Tod, Verlust, Trauer. Sie kommen herein und gehen hinaus, diese Engel in ihren weißen Kitteln. Sie hetzten von Raum zu Raum. Ihre Kunst ist gefragt. Ich bringe Blumen und Kuchen für die Schwestern. Wie lange hält das schwache Herz? Vaterherz. Tochterherz. Bruderherz. Heideherz. Sissiherz. Anneherz. Elkeherz. Im Sommer noch wollte er stark sein. Jetzt wird der Lebenskämpfer müde. Er schläft viel. Kann sich kaum mehr konzentrieren. Gespräche kosten Kraft. Hat Papa nicht mehr. Die Gespräche werden kürzer. Er weint jetzt oft, wenn er von Martin spricht. Noch ein letztes Mal protestantische Pflichtübung. Anweisungen. Notartermin. Erdbestattung. Familiengrab. Musik. Der Pastor, bitte nur dieser. Keine weiteren Reden. Bescheidenheit. Erinnerungen an ein geschriebenes Testament im Schrank.

Aufbäumen. Mein Aufbäumen. Ich komme seinem Ohr ganz nah. Und flüstere: »Geh nicht, Papa. Bitte. Ich brauche dich. Verlass mich nicht. Deine Enkelkinder brauchen dich. Sie brauchen einen Großvater. Michels Eltern sind tot. Gib mir deine Hand, ich halte dich. Ich liebe dich.«

Mein Vater schließt mitten in unserem Gespräch die Augen. Drückt meine Hand. Fällt flüsternd in den Schlaf. Die Nachmittagssonne schleicht über sein Bettzeug.

Ich lasse den Blick durch das schlichte Krankenzimmer wandern. Ein quadratischer Tisch. Eine Keksdose darauf. Zwei Stühle davor. Ein Tablett vom Frühstück. Ein Teller darauf. Eine müde Scheibe Käse schläft auf dem angebissenen Graubrot. Die Papierblumen seiner Freundin Heide kleben am Fensterrahmen. Noch ist er alleine. Am Nachmittag wird ein neuer Mitpatient erwartet. Mein Vater wird immer weniger. Nimmt mehr

Tabletten als Nahrung zu sich. Montags legt ihm seine Freundin die Tabletten für die Woche in kleine, farbige Kästchen. Wochentage und die genauen Uhrzeiten stehen drauf. Pillenbox. Sie streiten, vertragen und lieben sich wieder. Sie bekocht ihn, bringt ihm geschnittenes Obst ins Krankenhaus. Wiegt ihn, führt Listen über sein Gewicht. Sorgt sich. Passt mit seiner Schwester auf ihn auf. Seine Schwester und seine Freundin lösen sich ab, sitzen an seinem Krankenbett. Abwechselnd.

Kriegerinnen, die den Kranken retten und beschützen wollen. Weggefährtinnen, die sich müde in den Klinikfluren begegnen.

Ein Mensch verschwindet. Mein Vater scheint sich aus seinem Leben herauszuschleichen. Aus einem stattlichen, sportlichen Mann wird ein bettlägriger Mann. Bettpfannenmann. Ein Schatten seiner selbst im Krankenhaushemd.

Er wiegt kaum mehr als ein Teenager. Die Altersflecken auf seiner Hand bilden mit den Einstichen der Kliniknadeln eine dunkle Fläche auf dem Handrücken. Ich creme gegen den Tod an. Berühre ihn. Summe Lieder. Erzähle von meinen Träumen, frage nach seinen. So viele unterdrückte Sehnsüchte. Anpassungen, so viel Anpassungen. Doppelmoral.

Wie viele Deutsche gehört er zur Kriegskindergeneration. Mit fünf Jahren saß er oft im Bunker, wenn die Bomben auf Nazideutschland flogen.

Sein norddeutscher Radius beschränkt sich lebenslang auf das Bremer Umland. Ein paar Reisen zwischendurch. Harz, ostfriesische Inseln, Sauerland, in die Heide. Dreimal ins Ausland. England, einige Jahre nach dem Krieg Südfrankreich, Teneriffa. Als er kränker wurde, blieb noch der Balkon an seiner Wohnung. Der kurze Spaziergang um den Block. Sein Krankenzimmer. Erst in der Wohnung, dann nur noch in der Klinik. Am Ende liegen wir alle wieder im Bett. Wie die Säuglinge. Ihm wird der Hintern abgeputzt, ich ziehe seine Hose hoch. Er wird wieder gefüttert. Einmal Zukunft und zurück.

Sommer 2014. Krankenhaus. Die Tage und Wochen haben keinen Anfang und kein Ende. Hitze. Fußballtore. Grillabende. Ich fliege hin und her. Nehme mir ein Hotelzimmer. Besuche ihn in der Nacht. Spiele Karten mit der Nachtschicht. Trinke Automatenkaffee und schlafe mit dem Kopf auf seinem Fußende ein. Wie flüssiger Kuchenteig fließt die Hoffnung auf Genesung in die Fassungslosigkeit des unerbittlich näherkriechenden Todes. Trotzdem sprechen wir die Lebenslügen nicht an. Unsere doppelte Wahrheit bleibt verschlossen. Fremdes Land, vermintes Land. Mein Vater und ich sind zu ängstlich, die Grenze zu überschreiten.

Die Geräte blinken und schrillen. Die Schwester kommt rein. Check-up. Spritze setzen. Notiz. Ein flüchtiges Lächeln. Im Nebenraum erwartet sie das gleiche

Bild. Wand an Wand Abschied vom Ich. Mein Vater atmet schwer. Er schläft. Jeder Atemzug ein Kampf. Ich schneide ihm die Nägel. Ich beobachte ihn. Schaue in seinen Kulturbeutel. Nagelschere. Bürste. Pflaster. Ein Handelsvertreterkulturbeutel. Jahrelange Hotelerfahrung. Ich verfolge mit meinem Zeigefinger seine bläulichen Aderspuren unter hellweißer Haut. Zähle seine Sommersprossen auf seinem Nasenrücken. Er schläft. Kämme ihm die restlichen Haare von links nach rechts. Und wieder von rechts nach links. Warte, dass er die Augen öffnet. Mit mir spricht.

Er war sein Leben lang in der Kirche aktiv. Ich öffne den kleinen Nachtschrank. Keine Bibel darin. Kein Trost durch Gottes Wort? Ich bin überrascht. Er, der über Jahre Sonntag Halt und Orientierung in der Worten des Pastors gefunden hat. Er, der so lange und intensiv gegen meinen Übertritt zum Judentum mit mir diskutiert hat. Der evangelische Kirchentage mit organisierte. Am Kirchenbasar teilnahm und in einer Gesprächsrunde der Gemeinde Trost nach seiner Scheidung fand. Ich schiebe Taschentücher, Notizbuch und Tablettenbox zur Seite. Nichts. Keine Bibel. Er hat auch noch nicht nach dem Pastor verlangt. Ich bin überrascht, wann, wenn nicht jetzt, sollte er Gottes begleitende Worte annehmen?

Ich fotografiere ihn. Mache ein Selfie mit meinem Vater auf der Intensivstation. Er im Hintergrund. Ich schäme mich ein wenig dafür. Versuche festzuhalten, was man nicht mehr lange halten kann. Er schläft. Er gleitet mir durch die Hände. Sterben. Sterben ist die Generalprobe zur Premiere des Todes.

Selbstmitleidig stelle ich mir die Frage: »Wie werde ich sterben? Wer wird meine Hand halten?«

Ich frage mich immer wieder, ob ich die letzten Wochen mit meinem Vater richtig nutze. Wir verdaddeln unsere Zeit in ganz kleinen Alltagsdingen. Trinken Früchtetee. Hören Radio. Verwundert stelle ich fest, dass wir beide seltsam schüchtern bleiben. Uns voller Zärtlichkeit und Vorsicht behandeln. Wahrscheinlich wird uns beiden klar, dass wir in unserem gemeinsamen Leben zu wenig Zeit miteinander vertrödelt haben. Mir ist klar, wie wenig ich von ihm weiß. Ich meine aus seinem wirklichen Leben und nicht dem Eltern-Papa-Leben. Hat er je seiner Tochter seine Ängste und seine Sorgen erzählt? Wollte er mich schonen? Oder wollte er sich keine Blöße geben? Oder liegt es etwa in der Natur der Sache, dass Kinder grundsätzlich wenig vom Leben ihrer Eltern und deren Blick auf das Leben kennen? Und wenn ich ehrlich bin, was weiß mein Vater von mir? Nicht dass es Geheimnisse wären, aber irgendwann hatte mein Leben immer weniger mit seinem zu tun. Jetzt bedauere ich diese lächerlichen, unnötigen Geheimnisse, die nicht der Rede wert waren. Ich bedauere, dass ich als erwachsene Tochter nicht in der Lage war, ihm zu helfen, aus seiner emotionalen Isolation herauszutreten. Ich bedauere mein Beleidigtsein darüber, dass er oft nicht für mich da war, sich wenig interessiert hat. Ob er das bedauert? Bedauert er irgendetwas?

Andere Generation, anderes Tempo. »Ich liebe dich«, flüstere ich, und genau das schreiben die Enkelsöhne auf kleine Karten. Am Kopfende hängen sie die buntstiftbunten Buckellandschaften auf. Die Wellenkarten. Was weiß er von meinem Leben? Es piepst. Erschreckend lange. Die Schwester kommt rein. Pumpt und spritzt. Er öffnet die Augen. Blickt erschrocken. Übergibt sich.

Das Bett ist frisch bezogen. Das Zimmer gut gelüftet. Das Kissen in seinem Nacken aufgeschüttelt. Nach einigen Minuten sagt mein Vater: »Es ist so weit. Sprich mit dem Arzt.« Er nickt mir zu. »Geh, Bärbel, erledige das.«

Er reicht mir einen Umschlag. Ich weigere mich nicht. Ich umklammere sein Patiententestament mit zitternder Hand. Ich stehe vor dem Zimmer des Chefarztes. Die Hand an der Klinke, das Herz in der Hose. Dieser Termin läutet das Ende des Lebens meines Vaters ein. Ich bin die Botin seiner Lebensunlust. Seine dicke Krankenakte liegt vor dem Doktor auf dem Tisch. Er hat wirklich alles mit seiner Kunst versucht. Danke dafür.

»Herr Doktor. Der Zeitpunkt ist gekommen. Lesen sie die Patientenverfügung meines Vaters, er bittet Sie, seinen Willen zu respektieren und umzusetzen.«

Der Arzt schaut lange und gründlich in die Unterlagen. Blickt ernst in mein Gesicht.

»Ihr Vater wird sterben.«

»Ich weiß.«

»Das Herz und die Nieren versagen. Er ertrinkt von innen. Er wird um Luft ringen. Das wird quälend.«

»Ich weiß.«

»Medizinisch können wir nichts mehr tun.«

»Ich weiß.«

»Das Einzige, was wir für ihren Vater noch tun können, ist die Behandlung zu beenden und ihn auf eine Palliativstation hier im Haus zu verlegen. Wenn die Schmerzen unerträglich werden, wird er sofort entsprechend behandelt. Schlimmstenfalls mit Morphium.«

»Ich weiß.«

Ich gebe ihm die Hand. Drücke sie fester als sonst. Ich beherrsche mich, während ich an der Vorzimmerdame vorbeigehe. Setze mich auf einen Stuhl im Klinikflur. Stumm. Mein ganzer Körper zittert. Ich weiß: Der Tod grinst mich erneut an.

Zwei Tage später zieht mein Vater um. Auf die Palliativstation. Es wird sein letzter Umzug sein. Rotwangige, kräftige Schwestern helfen. Ermöglichen alles, damit seine letzten Tage unbeschwert sind. Unbeschwert? Sie baden ihn. Schicken mir davon Fotos von seinem Handy. Seine Lieblingsmusik läuft. Rod Stewart. Und er, der Werder-Fan, genießt Fußballdeutschland. Ein kleines Stück vom Glück. Auf die Terrasse wird er geschoben. Zwei Infusionsgalgen neben sich. Ausblick ins Grüne. Satter Rasen. Die Hasen nagen am Sommergras. Idylle im Totenland. Wir alle wissen, der Kampf ist vorbei. Mein Vater lässt mehr und mehr los. Er wirkt gelassener. Entlastet. Weicher. Sein Loslassen vom Leben scheint ihn glücklich zu machen.

»Weißt du, wohin du gehst, Papa?« Die Morphium-Dosis gegen seine Schmerzen wird größer. »Ich begebe mich in Gottes Hand. Ich habe keine Angst, Bärbel. Es ist gut, so wie es ist.« Von Zeit zu Zeit muss ich aus dem Raum rennen, raus aus diesem Sterbezimmer. Ich laufe den Flur auf und ab. Im Foyer steht eine Kaffeemaschine. Ich zähle nicht mehr die Tassen, die ich trinke. Im Gemeinschaftsraum viele Menschen. Traurig. Weinend. Hilflos. Angehörige. Eine Familie nimmt Abschied von der Tochter. Die Gebärmutter voller Metastasen. Wir teilen unsere Tränen. Auf einem kleinen Tisch liegt eine beige Häkeldecke. Darüber das Foto einer Trauerweide. Ein Kondolenzbuch. Darin Dankesworte an die Belegschaft für ihr Einfühlungsvermögen, gute Wünsche für die Reise ins fremde Land.

Zurück im Krankenzimmer. Etwas ist anders. Ich spüre es sofort. Sein Husten hat einen anderen Ton. Die Abstände des Aus- und Einatmens verändern sich zugunsten des Ausatmens. Die Pausen zwischen seinen Atemzügen werden länger. Seine Haut wird noch grauer. Seine Augen fallen tiefer in die Augenhöhlen. Bilde ich es mir ein, oder verändert sich der Geruch, den er ausstrahlt? Ich kann nichts mehr tun außer hoffen. Auf ein paar wenige weitere Tage mit ihm. Will mich zwei Stunden selbst ins Bett legen. Kurz ausruhen. Selbst Kraft tanken. Hans-Hermann Schäfer, geboren am 19.02.1938, starb wenige Stunden danach am 15.07.2014.

Sechsundsiebzig Frühlinge
Sechsundsiebzig Sommer
Fünfundsiebzig Herbste
Fünfundsiebzig Winter

hatte meine Vater.

Wieder eine Beerdigung.
Die Leichtigkeit des Glücks ist verflogen.

19.

Warten auf Gandhi

Elf Monate später. Dienstagmorgen.

Um mich herum müde Gesichter auf dem Weg zur Arbeit. Ich stehe mit dem Handy in der U-Bahn-Station an der Frankfurter Messe. Das Handy klingelt. Auf dem Display *Fatma*.

»Hallo Bärbel. Wie geht's dir?« Ihre Stimme klingt gut gelaunt. »Stell dir vor, meinem Vater geht es endlich besser. Sein Krebs ist auf dem Rückzug. Ich bin so glücklich. Seine Werte sind stabil und die Ärzte sehr zufrieden.« Pause. »Ich könnte die ganze Welt umarmen«, schreit sie in das Telefon.

»Fatma, das ist ja irre. Wahnsinn. Was für eine tolle Nachricht. Ich freue mich für ihn. Das ist gut. Richtig gut.« Die U-Bahn rauscht rein. Ihr glucksendes Lachen schafft es in mein Ohr. Mir fällt schmerzhaft auf: So befreit wie sie habe ich lange nicht mehr gelacht.

»Hey Fatma, dann waren deine Gebete also erfolgreich?«

»Ich habe es dir doch gesagt, es lohnt sich immer, mit Allah zu sprechen.« Fatma ist aufgekratzt.

»Ich will das mit dir feiern, eigentlich mit der ganzen Welt.« Mein Puls rast. Leise spreche ich ins Handy: »Das funktioniert noch nicht, Fatma.« Die Bahn kommt zum Stehen. Ich drücke den Türöffner.

»Ich lebe noch mit einer angezogenen Handbremse. Mir ist wirklich nicht zum Partymachen.«

»Hör auf, dich vor dir selbst zu verstecken. Das macht sie auch nicht wieder lebendig. Komm doch mit meiner Familie mit in die Moschee. Wir haben Opferfest. Bitte, mach schon. Komm mit. Wir hören das Id-Gebet. Danach essen wir bei uns zu Hause. Meine Mutter kocht wie immer was Leckeres. Die Kinder sind schon ganz aufgeregt. Es gibt Geschenke. Meine beste Freundin Nusrat wird auch kommen. Wir treffen uns dann alle am nächsten Montag vor der Moschee in Flörsheim. Und ich akzeptiere keine Absage, Bärbel.« Fatma legt auf.

Ich steige in die U-Bahn. Wie oft habe ich schon so gestanden? Ich kenne das alles. Habe das alles schon hundertmal gesehen. Die Lichter. Die Plastiksitze mit den wartenden Frankfurtern. Die vorbeifliegenden gräulichen Wände. Die Werbeplakate. Die Schülergruppen, die sich laut schubsend in die Bahn drängen. Alle Durchsagen kann ich im Schlaf mitsprechen. Ich weiß, dass ich schon einmal so gestanden und gedacht habe, ich kenne das alles. Ich checke mein Handy.

Eine Woche später. Montagmorgen.

Die Vögel über Flörsheim sind laut. Sie dröhnen in Dezibel. Sie spucken Kerosin. Sie fliegen niedrig. Einflugschneise Rhein-Main-Gebiet. Alle zwei Minuten donnert ein glitzernder Aluvogel über unsere Köpfe hinweg. Anti-Fluglärm-Demo-Bettlaken hängen aus jedem zweiten Fenster. Ich stehe in der Gaststätte am Regionalbahnhof. Festtagsstimmung am ersten Tag des Opferfestes könnte sich besser anfühlen. Immerhin ist es das höchste islamische Fest. Aber das ist Flörsheim und dem Montagmorgen egal.

Ich warte auf Gandhi. So heißt Nusrats Sohn. Er hat mir gerade eine SMS geschickt. Sie haben sich mit Fatma am Frankfurter Hauptbahnhof getroffen, ihr Handy hat keinen Saft mehr, und alle haben die S-Bahn verpasst. Sie werden sich verspäten. Gandhi ist 14. Der Junge hat alles im Griff, wie Fatma sagte, als ihr Akku noch nicht null Prozent anzeigte. Er ist mit seinen Eltern und seinen fünf Geschwistern auf dem Weg hierher. Die Zeit drängt.

In wenigen Minuten, um zehn Uhr, wird der Imam zum Gebet aufrufen. SMS fliegen zwischen Gandhi und mir hin und her. Nervosität auf ihrer Seite. Neuer Treffpunkt. Jetzt direkt vor der Ahmadiyya Ata Moschee. Die liegt gleich hinter Gleis 3. Auf der Rückseite des kleinen Flörsheimer Bahnhofs. Nur getrennt durch einen hässlichen Zaun. Ich höre trotzdem auf das GPS auf meinem Handy, gehe um den Bahnhof herum, in eine kleine Seitenstraße.

Das Minarett leuchtet weiß. Der Eingang ist dunkelblau. Autos und Taxen halten auf dem Vorhof und in der Seitenstraße zur Moschee. Stimmengewirr. Frauen zupfen die Kleidung der Kinder zurecht. Männer suchen Parkplätze. Ich habe mir eine lange, weinrote Hose und darüber ein langärmeliges Kleid angezogen. Ich friere. Die Luft ist frisch, ich trage kuschelige Ugg-Boots. Frauen in dünnen Sandalen und wunderschönen Saris eilen an mir vorbei. Smaragdgrün, hellblau und rosarot leuchten die Farben gegen das herbstliche Deutschlandgrau an. Die Moschee liegt im Industriegebiet. Versteckt. Zwischen Containern und tristen Parkplätzen. Die Moschee war mal ein Penny-Markt, mit Cola, Nutella und Chips. Der ist pleitegegangen. Seitdem ist es ein Gotteshaus. Ein Imam aus London kam extra zur Einweihung.

Während ich in dieser tristen Nachbarschaft stehe, frage ich mich, warum Moscheen, anders als Kirchen, selten in der Innenstadt oder in den attraktiveren Wohngebieten sichtbar sind. Immer mehr Frauen verschwinden in ihrer Festtagskleidung hinter dem schmucklosen Seiteneingang am funktionalen Zaun. Graue Blumenkübel umranden den Industrieflachbau.

Wo bleiben Gandhi und Fatma mit ihren Familien? Was mache ich, wenn sie nicht erscheinen? Ich stehe verloren am Eingang herum. Es ist der hintere Seiteneingang. Den benutzen die Mädchen und Frauen. Die Männer gehen durch den Haupteingang. Im 21. Jahrhundert. Haben die Religionen schon mal irgendwas von Gleichberechtigung gehört? Sind die Männer taub bei diesem Thema? Oder müssen die weiblichen Mitglieder der Gemeinde endlich ihre Rechte einfordern? Auch in vielen Synagogen sitzen die Frauen noch getrennt von den Männern, auf der oberen Empore. Die Frauen nicken mir flüchtig zu. Ihre bunten, leichten Kopftücher flattern im Luftzug um ihre Köpfe. Ich suche in meiner Handtasche nach meinem grünen Seidenschal. Viele Frauen haben indisch-pakistanische Wurzeln.

Es ist kurz vor zehn. Ich schalte das Handy aus und betrete den kleinen Vorraum zur Moschee. Gandhi, Fatma und ihre Familien sind immer noch nicht da. Schuhe ausziehen. In das überfüllte Regal stellen. Ich mache es wie alle anderen auch. Meine schwarzen Winterboots neben all den zierlichen Sandalen und Riemchenschuhen. Ich behalte die Socken an. Gebe mir einen Ruck, überwinde meine Schüchternheit. Betrete den großen Gebetsraum, der in diesem Teil der Moschee für die Frauen abgeteilt ist. Alle begrüßen sich. Alle kennen sich. Ich gehe wie auf Wolken über den flauschigen grünlichen Moscheeteppich. Suche mir einen Platz in der vorletzten Reihe. Hinter mir sitzen die alten Frauen auf Stühlen. Die, die sich nicht mehr hinknien können. Oder die, die sich noch hinknien, dann aber nicht mehr alleine aufstehen können. Der Raum füllt sich. Immer mehr Frauen setzen sich in den vorderen Reihen auf den Boden. Nebeneinander. Alle blicken in Richtung Wand. Im Teppich ist eine Linie eingewebt, an der sie sich orientieren können. Es wird voll. Kinder laufen zwischen den Alten und Jungen. Die meisten Frauen sind barfuß. Wann kommt endlich Fatma? Wenn sie das Opferfest, diesen hohen Feiertag verpasst, ist das eine Katastrophe für sie.

»Wieso sitzen die Männer nicht bei uns?«, frage ich meine Sitznachbarin.

»Nebenan. So will es die Tradition.«

Wieder geht mir durch den Kopf: »Haben die monotheistischen Weltreligionen noch nichts von den Menschenrechten gehört? Nichts davon gehört, dass alle Menschen gleich sind? Das Männer und Frauen die gleichen Rechte haben?« Meine Sitznachbarin scheint das nicht so brennend zu interessieren. Für sie zählt der Ritus.

»Aber wo ist nebenan?«, frage ich sie.

Sie guckt mich an, als wäre ich nicht ganz dicht. Zeigt stumm auf die Tür in der rechten Ecke des Raumes. Ab und zu klappern Armreifen. Einige Frauen tragen Henna auf ihren Handflächen. Wühlen in ihren Handtaschen. Kramen Süßes für die Kinder hervor. Kurz vor zehn. An der gegenüberliegenden Wand ist ein türkisblauer Bogen auf die Raufasertapete gemalt Der Bogen ist von einer gold-beigefarbigen Girlande umrandet. Meine Nachbarin erklärt mir, genau an dieser Stelle im Raum nebenan betet der Imam. Die Männer hören und sehen ihn natürlich leibhaftig.

Um punkt zehn Uhr ertönt eine ruhige Stimme aus einem Lautsprecher zu uns. Das Mikrofon dazu steht auf der anderen Seite. Beim Imam. Die letzten Anweisungen für Männer und Frauen zum Ablauf der kommenden Stunde. Gebetet wird auf Deutsch und Urdu. Die Big-Brother-Lautsprecher-Stimme fordert uns auf, für die kranken Gemeindemitglieder zu beten, die am heutigen Festtag leider nicht dabei sein können. Die den Weg in die Moschee nicht schaffen. Meine Urdu-Kenntnisse gehen leider gegen null. Zu wenig, um für die unbekannte Dame und ein kleines Mädchen in der Uniklinik zu beten. Ich schicke ihnen auf Deutsch meine Genesungswünsche. Handys bitte ausstellen, schiebt die Lautsprecherstimme noch schnarrend hinterher. Ich checke erneut den Flugmodus. Will Allah natürlich nicht durch meinen Gitarrensound-Klingelton stören. Gandhi kann mich jetzt nicht mehr erreichen. Der muss sich alleine durch den S-Bahn-Dschungel durchschlagen. Ein Knacken. Wieder Stille. Ich entspanne mich. Warte darauf, dass es beginnt. Ein Versprechen liegt in der Luft. Plötzlich wird es ernst.

Mehrmals wird Allahu akbar gebetet. Gott ist groß. Er wird mehrfach gepriesen. Die Hände links und rechts auf Ohrenhöhe gehalten. Alle Frauen verneigen sich vor Gott. Beugen ihren Kopf dabei leicht nach vorne. Ich beobachte. Kopiere. Mache mit. Deute an. Nehme die Hände in Richtung der Ohren, kratze mich zwischendurch an der Schläfe. Zwischen dem dritten und vierten »Gott ist groß« rauscht ein ICE mit hohem Tempo an den Moscheefenstern vorbei. Der ist auch groß. Und laut. Ich beobachte. Die Armreifen sind die sanften Klingeltöne der vielen Frauen. Die meisten Frauen lassen sich nicht ablenken. Ruhig, fließend sind ihre Bewegungen. Gesichter Richtung Wand. Vorbeugen im Gebet. Aufrecht sitzen. Blick erneut Richtung Wand. Stille im Gebet. Innehalten. Augen werden geschlossen. Hinten im Raum laufen die Kinder auf Socken hin und her. Flüsternd tauschen sie Bücher und Barbies. Suchen in den Handtaschen ihrer Mütter nach Süßigkeiten. Opferfest. In alten Zeiten opferten Muslime noch Schafe, um ihre Gottesfurcht zu beweisen. Genau wie Ibrahim die göttliche Probe bestanden hat und sogar bereit war, seinen Sohn Ismael Allah zu opfern. Allah hat aber noch schnell dessen Tod verhindert, als er sah, wie viel Gottvertrauen in Ibrahim schlummerte. Wie Vater und Sohn dann aus Dankbarkeit für die Bedürftigen einen Widder opfern, ist alles im Koran in Sure 37,99–113 genau erzählt. Das Fleisch wurde an die Armen und Bedürftigen verteilt. Darum sind Spenden, Opfergabe auch heute noch ein wichtiger Bestandteil des Opferfestes. Gib etwas ab von dir. An Gott, an die anderen. In der Bibel, in Genesis 22,1–19, gibt es die Erzählung von der Opferung Isaaks. Wer als Muslim in den Tagen des Opferfestes nicht in Mekka die Hadsch umrundet, soll sich einen Ort suchen, wo das Id-Gebet gesprochen wird.

Ich höre den Imam durch den Lautsprecher zur Gemeinde sprechen: »Wenn jeder von uns anderen Menschen Gutes gibt, wenn wir Teilhabe lernen, dann erst schaffen wir Frieden und Sicherheit.«

Schön wäre es ja, denke ich, aber draußen explodiert die Welt. Ukraine-Krise. ISIS auf dem Vormarsch. Messerattacken. Türken und Kurden im Konflikt. Anschläge in Paris. Bewaffnete Zeitbomben. Renationalisierung Europas. Konflikte, Zorn, die Unfähigkeit zur Versöhnung. Männerwut auf den Straßen. Imam, wann kommt der Frieden? Tun wir alle genug dafür? Jeder von uns? Was ist mit unserer Wut, unseren Vorurteilen in unseren Köpfen?

Im hinteren Teil der Moschee streiten sich zwei jüngere Geschwister um drei Star-Wars-Figuren. Vielleicht muss man etwas älter werden, um die Sache mit dem Teilen zu verstehen. Der Imam spricht zu den Männern und Frauen: »Findet Frieden in euch. Findet Frieden durch den Glauben. Strahlt diesen Frieden nach außen. Hetzt nicht durch euer eigenes Leben. Reicht den Schwachen die Hand.« Die Tür geht auf. Nusrat, Fatma und sechs Kinder betreten die Moschee. Unsere Blicke suchen und treffen sich. Daumen rauf für meinen grünen Schal. Lächeln.

Nach einer Stunde sind die Gebete gesprochen. Alle laufen durcheinander. Stehen auf. Kopftücher werden gerade gerückt, Haare daruntergeschoben. Handtaschen aufgehoben, Kinder eingefangen und die Tür zu den Männern geöffnet. Wir sprechen alle wieder in einer normalen Lautstärke. Ich suche Fatma und wünsche ihr frohe Festtage. Sie stellt mir Gandhi vor. Wache Augen, breites Lächeln. Er trägt eine Brille. Seine ist nicht rund. Er führt mich stolz auf die Männerseite der Moschee. Ich stecke nur den Kopf in den Türrahmen, zögere einzutreten. Gandhi winkt mich hinein. Zeigt mir stolz den kleinen Platz, an dem das Mikrofon und das Pult des Vorbeters stehen. Kinder und Frauen drängen sich im Vorraum. Alle suchen ihre Schuhe im überfüllten Regal. Aufbruchstimmung. Kinder werden an die Hand genommen, Küsschen verteilt. Fatmas Mutter erwartet uns alle zum Essen.

Sozialer Wohnungsbau. Frankfurt. Vorort. Wir parken die Autos. Das Klingelschild gleicht einer Weltkarte. Die Jungs und Mädchen stürmen die Treppen hoch.

Kindliche Vorfreude, die zu platzen droht. Im Flur duftet es schon nach Chapati-Brot. Traditionelles Fladenbrot, selbstgemacht. Wärmend wie eine Umarmung. Jacken fliegen an die Haken. Schuhe bleiben vor der Haustür. Eine Kochzeile, ein Kühlschrank. Der kleine Fladenbrot-Ofen strahlt Hitze aus. Wir erobern Cidems und Mahmoods Miniwohnung. Auf dem Boden im Wohnzimmer liegt ein buntes Tuch. Cidems Ehemann ist Pakistaner. Sie ist türkischer Herkunft. Fatma umarmt ihre Mutter, gibt ihrem Vater einen langen Kuss. Ich muss an meinen Vater denken. Er gab mir zur Begrüßung und zum Abschied stets die ausgestreckte Hand.

An den Feiertagen isst die Frankfurter Familie in der uralten Tradition des Vaters auf dem Boden. Meine Knie knacken gefährlich laut beim Hinsetzen. Ich brauche einige Sekunden, um eine bequeme Position zu finden. Wie bei einem Picknick in der Wohnung sitzen wir mit 15 Personen um die Decke herum. Es ist eng und irgendwie auch gemütlich. Gandhi spricht ein Gebet. Cidem trägt Töpfe mit rot und gelb geröstetem Basmatireis herein. Darin Rosinen, Chili, Zwiebeln, Kardamom. Und natürlich passend zum heutigen Opferfest Hammelfleisch. Biryani ist ein Festtagsgericht. Ich gieße noch etwas Joghurtsauce drüber. Tunke warmes Fladenbrot hinein. Cidem hat für mehrere Stunden das knallorange Halwa von Karotten und Kürbis einkochen lassen. Jetzt kommt es auf einem großen, farbigen Teller zu uns auf den Teppich. Wie ein leuchtender Rahmen liegt ein Rand grüner Blattpetersilie um jeden Teller herum. Das Wohnzimmer, in dem wir alle essen, ist Fatmas ehemaliges Kinderzimmer. Darin steht, auf den wenigen Quadratmetern, heute noch ein Doppelbett für die Enkelkinder und ein riesiger brauner Ledersessel. Ist mir ein Rätsel, wie Fatma mit ihren Schwestern und den Eltern hier in der zweieinhalb Zimmerwohnung auch nur eine ruhige Ecke für sich hatte.

Sie erzählt, wie sie als kleine Mädchen vor dem Spiegel Hip-Hop-Drehungen geübt haben, bis die Nachbarn sich von unten beschwert haben. Endlose Stunden auf dem Bett lagen sie herum und haben zu dritt über die Jungs in der Klasse, Freundinnen und Lehrer gesprochen. Mahmood thront im gepolsterten Sitz. Seine Knochen schmerzen noch nach der Chemo. Er kann nicht auf dem Boden sitzen. Ein Teller auf seinem Schoß. Während er vom Pakistan seiner Kindheit erzählt, lächelt er. Immer wieder gibt Fatma ihm Küsse auf die Stirn und den Handrücken. Das wäre bei meinem Vater und mir undenkbar gewesen. Die Kinder stoßen in der Küche Glücksschreie aus. Spiele, Stofftiere, Bücher, Geld und Süßes werden ausgepackt. Festtagsstimmung.

Fatma ist glücklich. Sie lacht. Ich versuche, es auch zu sein. Bemühe mich, in die Situation zu fallen, mich nicht dauernd dabei selbst zu beobachten. Sie wirft vor Freude den Kopf in den Nacken, Haare schauen unter dem Kopftuch hervor. Sie umarmt mich herzlich. Küsst ihren Vater erneut. Wir spüren alle, wie die Angst um den Vater von ihr fällt. Die Sorge loslassen. Sie legt ihre Hand um meine Schulter, drückt mich ganz fest. »Ich habe Allah vertraut und wurde dafür belohnt. Ich kann es immer noch nicht glauben, Bärbel. Obwohl ich mir so sicher war. Das Leben ist schön.« Ja. Für Fatma. Für ihren Vater. Bis zum nächsten Tumor-Check.

Ich bemühe mich, auch glücklich zu wirken. Ziehe die Mundwinkel hoch. Lächele sie an, nehme sie in den Arm. Grabe mein Gesicht in ihr Kopftuch. Und Martin? Und mein Vater? Versuche, nicht zu weinen. Vaterlos. Nach dem dritten Glas Tee gehe ich ins Bad. Ich sitze auf dem Badewannenrand. Die Fingerknöchel sind weiß, ich verkrampfe. Lege den Kopf auf die Knie. Reiße mich zusammen. Kaltes Wasser läuft erst in meine Hände, dann über das Gesicht. Mich in Gruppen, ob vertrauten oder fremden, aufzuhalten, kostet mich momentan unendliche Kraft. Aus traurigen Augen blickt mich mein Gesicht an. Wasserspuren tropfen vom Kinn. Die Traurigkeit hat sich eingegraben. Hockt wie ein Rabe in den schattenumrandeten Augenhöhlen. Sehen die anderen meine Traurigkeit nicht? Oder schützen sie mich, indem sie sie nicht erwähnen? Ich versuche zu lächeln. Immer wieder zu lächeln. Das Gehirn an diesen fröhlichen Zustand zu erinnern. Neuland. Die Mundwinkel gehen hoch, aber die

Augen lachen nicht mit. Ich bemühe mich. Seit Wochen. Wieder zu lachen. Die Last abzuschütteln wie früher. Als Martin und Papa noch lebten. Ich noch unbeschädigt war. Kann man Lachen verlernen?

Ich bin ab und zu wieder ausgegangen. Clubs. Bars. Abendessen. Lounges. Konzerte. Habe neben den Party-gesichtern gestanden. Habe mir Geschichten von Urlauben, Abenteuern, Jobkrisen, Beziehungschaos angehört. War da und doch nicht da. Habe mich selbst belogen. Ich wollte mich selbst überraschen. War mein eigener Gegenspieler. Gezinkte Karten. Und verloren. Ich bin nicht der Sonnenschein der Truppe. Ich bin nicht bereit. Noch nicht? Nie wieder? Ein Schatten meiner selbst. Es war ein Fehler. Es war zu früh.

20.

Ist da oben jemand?

Ich jage den Hund von der Couch. Nehme seine Leine. Ich nehme mich. Öffne die Tür. Trete hinaus. Gehe über die Straße. An der Kirche vorbei. An Kiosk, Reinigung und Lebensmittelgeschäften entlang. Weiter über den Zebrastreifen, linker Hand liegen die sanierten Altbauten und die Grundschule. Der Hund zieht. Ich gehe weiter. Erst langsam, dann schneller. Er schnüffelt an jedem Strauch. Ich gehe in den leeren Tag. Ohne Ziel. Nur den Rucksack meiner Melancholie im Gepäck. Ich laufe zur großen Wiese. Der Hund hebt dauernd das Bein. Ich lege mich ins Gras. Liege auf dem Rücken. Es ist Herbst. Ich ahne die Sonne. Ich zähle die Wolken. Ist da oben jemand?

21.

Rabbis Rat zum Glück

So vielen Menschen bin ich in diesen letzten Monaten begegnet. Viele Freunde haben mich durch diese dunklen und schweren Monate getragen, geschubst und geliebt. Ich war mit Juden, Muslimen, Katholiken, Evangelen, Buddhisten und Zeugen Jehovas an ihren Glaubensstätten. Feiertage und Feste gemeinsam mitgenommen. Ich habe das Gespräch mit dem Pastor, Imam, Rabbiner, Mönch und Pfarrer gesucht. Habe im buddhistischen Tempel den Mönchen auf Knien Duschgel und Sardinen gereicht. Dabei Blumengirlanden getragen. An der traditionellen Wasserzeremonie des thailändischen Wasserfestes teilgenommen. Wasser dabei von einem Behälter in den nächsten gegossen. Bin mit einem thailändischen Geldbaum tanzend durch die Straßen von Dreieich ge-

zogen. Habe mit Mönchen gelacht und den besten, sü-
ßesten Klebereis mit frischen Mangos gegessen. Das
buddhistische Neujahrsfest in vollen Zügen gefeiert. Meditiert und gebetet. Habe Räucherstäbchen angezündet,
mit den Verkäufern des *Wachturms* auf der Straße Gottes Wort angeboten. Mit Rosch ha-Schana das jüdische
Neujahr begrüßt. Auch in diesem Jahr habe ich wieder
versucht, gefillten *Fisch* mit roter Beete zu mögen. Äpfel
in Honig getunkt. In der Hoffnung auf ein süßes neues
Jahr. Habe an Jom Kippur gefastet. Bin in mich gegangen. Versöhnung mit Mitmenschen gesucht und auf einen guten Eintrag in meinem Buch des Lebens für das
kommende Jahr gehofft. Dem Schofarbläser ganz oben
in der Synagoge gelauscht. Dabei auf dem Stammplatz
meiner verstorbenen Schwiegermutter Genia gesessen.
Geweint. In der Laubhütte gegessen. Etrog und Palmen-
wedel geschüttelt. An Pessach mit den Kindern gefragt:
»Warum ist diese Nacht so anders als andere Nächte?«
   Erleuchtung? Fehlanzeige.
   Ich weiß jetzt, wie es sich anfühlt, ein Kopftuch zu tragen. Ich saß vor Hammelfleisch mit Rosinen. Aß Berge
von Datteln und Süßigkeiten beim Zuckerfest der pakis-
tanisch-muslimischen Familie. Zeit in der Moschee zu
verbringen, nicht nur zum Opferfest, ist anregend. Dabei
festzustellen, wie viele religiöse Abläufe sich ähneln und
dass wir alle vom selben Kern abstammen, ist schön. Respekt und Neugier für das andere habe ich erfahren und

gelebt. Meine Freunde kommen aus allen Religionen. Auch aus der Religion der Nichtgläubigen. Atheisten. Ich kenne den schmalen Blick aus dem Burka-Sehschlitz. Spürte die Angst der Mitmenschen, wenn ich vollverschleiert eine U-Bahn betrat. Auch meine Beklemmung beim Anziehen des Nijabs. Mein Unwohlsein. Warum darf man mein Gesicht nicht sehen? Warum sollen sich Frauen verschleiern und Männer nicht?

Jetzt weiß ich, wie es ist, wenn sich Menschen wegsetzen. Die Straßenseite wechseln, mich beschimpfen und bespucken, weil ich aus Neugier einen Nijab trug. Ich kenne jetzt Mädchen, die den Dschihad cool finden, und Jungs, die den Zölibat hochhalten. Ich kenne jetzt Frauen, die konvertiert sind und dabei von ihren Eltern verstoßen wurden. Menschen, die ihre Religionen leben, viel riskieren, dafür streiten oder durch Gott eine tiefe Zufriedenheit spüren. Ich kenne aber auch verblendete, engstirnige Gläubige. Welche, die in ihrem Glauben steckenbleiben.

In allen monotheistischen Weltreligionen ähneln sich seit Jahrhunderten viele Rituale, Abläufe. Einige Geschichten in den heiligen Schriften ähneln sich stark. Ich habe immer noch nicht verstanden, warum sich im Namen der Religionen Menschen töten. Kriege führen und sich hassen.

In allen Religionen gibt es Rituale und Regeln rund um das Wasser. Das Bedecken der Haare. Des Körpers. Die Reinigung der Wohnung vor den Feiertagen. Die Bedeutung von Lichtern und Kerzen. Alle opfern oder spenden. So viele Schnittmengen. Trotzdem so viel Gegeneinander statt Miteinander.

Lange habe ich mit religiösen Denkern und Lenkern über Trauer und die Suche nach Trost gesprochen. Und wie das Glück wieder erwachen kann, nachdem man einen geliebten Menschen verloren hat. Gott habe ich auf dieser Reise nicht gefunden. Er ist mir weder ans Herz gewachsen noch erschienen. Ich mochte Momente. Ich mochte Stimmungen in Synagogen, Tempeln, Kirchen und Moscheen. Ich mochte nicht, wenn an diesen Orten Prediger den Menschen erzählten, dass nur in ihrer Religion die Wahrheit steckt.

Ich glaube an das Leben. Ich glaube an die gestalterische Kraft des Menschen. An seine Fähigkeit zu lieben. Zu geben. Wachsen zu wollen an sich und die Herausforderungen des Lebens anzunehmen. Das ist schwer, oft sogar sehr schwer. Ich glaube an die Eigenverantwortung des Menschen. Die ich weder an Gott noch sonst ein höheres Wesen irgendwo da oben delegiere. Ich glaube nicht daran, dass Gott mir das Leben geschenkt hat. Ich glaube nicht an Schicksal oder an ein vorbestimmtes Leben. Ich habe nichts gespürt, was größer ist als wir selbst.

Ist das Leben nicht eher Zufall? Chaos? Eine Aneinanderreihung von Glückmomenten und Schmerzaugenblicken? Ich trage Verantwortung für mich und meine Söhne. Für meinen geliebten Mann. Für die Menschen, die ich liebe, und für die paar Wesen, für die ich mich entschieden habe, auf sie aufzupassen. Ich versuche mit meinem Handeln wirklich immer wieder aufs Neue ein guter Mensch zu sein. Gutes zu tun und positive Spuren im Miteinander zu hinterlassen. Das gelingt mir leider nicht immer, aber ich bemühe mich.

Der Tod ist sinnlos, beliebig, endgültig, traurig. Er machte mich einsam und ließ mich für Wochen isoliert durch mein eigenes Leben stolpern. Der Tod eines nahen Menschen bot mir aber auch die Chance, neue Weichen für meinen Lebensweg zu stellen. In seiner Endgültigkeit fällt es mir immer noch schwer, ihn anzunehmen. Ich werde es schaffen. Ich überlasse ihm nicht das Feld. Die Trauer wird sich einen Raum für die neuen Toten suchen. In meinem Herzen. Unter der Haut.

Der Tod rüttelt mich aber auch wach, das Geschenk des Lebens zu sehen. Die wertvollen Begegnungen an ganz besonderen Orten haben mich in den letzten Monaten wachsen lassen. Ich durfte Geborgenheit spüren. Die Nähe zur Natur war für mich eine unglaubliche Kraftquelle. Als Stadtmensch endlich wieder draußen. Ich wusste gar nicht, wie sehr ich mich nach den Wäldern, Watt, Bergen, Dünenlandschaften, Seen gesehnt habe. Ihre Schönheit, Stärke, Fragilität und Ewigkeit beeindrucken mich zutiefst. Überall ließ ich mir den Wind in das Gesicht pusten, die weißen Flocken auf die Haare schneien, rollte Abhänge hinab oder stand heulend im Platzregen.

Wo wohnt denn nun das Glück? Das ich anzünden kann wie einen Lichtschalter.

Rabbis Anleitung zum Glücklichsein lautet:

Gib und dir wird gegeben.

Sei gütig.

Lass Ruhephasen zu.

Kein Konsumstress.

Schenke Freunden und Familie deine Zeit und Liebe.

Arbeit ist notwendig, aber nicht alles im Leben.

Gebraucht zu werden macht glücklich.

Denke positiv.

Begib dich in die Natur.

Bete. Gerne mehrmals täglich.

Rede nicht schlecht über andere.

Halte dich an die Gebote.

Respektiere die Natur.

Predige keine Ideologien.

Arbeite für den Frieden in dir.

Das sagt auch der Pastor. Das sagt auch der Imam.

Es war das schwierigste Jahr meines Lebens.

Es war das Jahr des Vorhers und Nachhers.

Es war ein Jahr, das es so nie wieder geben wird.

Ich bin aus der Spur gefallen. War ver-rückt im wahrsten Sinne. Ich habe nicht nur meinen Bruder verloren, sondern auch phasenweise mich. Es war schwer, meinen Platz neu zu finden. Im Talmud steht: »Wenn ein Mensch stirbt, den du liebst, stirbt auch ein Teil von dir.«

Ich bin ich und doch eine andere. Verletzbarer.

22.

Loslassen

Bremen. Zwölf Monate sind vergangen.

Ich stehe am Grab meines Bruders. Der grüne Grabstein glänzt in der Sonne. Meine Mutter hat vor Wochen einen Rosenstock gepflanzt.

»Martin, komm da raus«, schreie ich stumm. »Dass ich hier oben stehe und du da unten liegst, ist doch ein Witz. Ein mieser Scherz. Lass den Quatsch. Komm zurück. Es reicht.«

Ich knie mich zum Grabstein. Will ihn hochheben und durch die Luft schleudern.

Oktoberlicht bricht durch die kahler werdenden Zweige. Die Bäume auf dem Friedhof biegen sich sanft im Herbstwind. Genau wie vor einem Jahr, am Tag seiner Beerdigung. Ich weiß, ich muss Martin loslassen.

Ist Abschiednehmen aus der Mode gekommen? Wer bringt heute noch Menschen zum Bahngleis und winkt so lange, bis der Zug den Bahnhof verlässt? Welches Abschiedswort ist das richtige für einen Bruder? *Auf Wiedersehen?* Wir werden uns nicht wiedersehen, Martin. Nie wieder. Es sind die falschen Worte für uns. *Auf Wiedersehen* sagte er, wenn er uns vor seiner weißen Garage stehend noch kurz gewunken hat. *Auf Wiedersehen, Martin* werde ich nicht mehr wie früher zu ihm sagen, wenn wir Schnitzel bei unserer Mutter gegessen, mit den Kindern Lego auf dem Boden gespielt haben und er sich anschließend in seinen Wagen setzte, um zurück nach Zürich zu fahren. Nie wieder werde ich, leicht auf den Zehenspitzen stehend, meine Hände um seinen Hals schlingen, meinen Bruder auf die Wange küssen und ihm *Auf Wiedersehen* ins Ohr flüstern. Ich denke immer an dich, Martin. Immer. Noch in 30 Sommern wird der Schmerz über deinen Verlust da sein. Vielleicht wird er sich anders anfühlen. Hoffentlich wird er sich vernarben: Aber ich werde trotzdem daran kratzen.

Manchmal habe ich das Gefühl, du wärest nur eben mal kurz rausgegangen. Und kommst gleich zurück. Atemlos, so wie du immer die Treppe hochgelaufen bist. Es gibt kein Wiedersehen. An den Plätzen unserer Kindheit spielen jetzt andere Kinder. Andere Geschwisterpaare. Die Orte sind noch da. Du nicht. Du bist im

Niemandsland. Verwesungsland. Kein Geschwisterland mehr. Ich bin in diesem Jahr noch einmal an unsere Orte gereist. Mit Mama. Und auch alleine. Ich war am Sodenmattsee, wo ich dich gegen die großen Jungs im dreckigen Sand verteidigt habe. Ich war im TV-Süd, wo wir Tennis gespielt und du deinen Schläger gegen den Zaun geschleudert hast. Ich war in Berlin, Zürich, Potsdam, Köln-Ossendorf, München, Bremen, Frankfurt, Lech und auf Sylt. Den Clubs, Bars, Arbeitsstätten, Lieblingsplätzen deines Lebens. Ja, unsere Orte sind noch da. Nur ohne dich sind sie nicht mehr unsere Orte. Sie sind Erinnerungsplätze. Sie verfallen nicht zu Staub, nur weil wir es tun. Es ist den Orten egal, ob *wir* dort sind oder andere, neue Menschen. Ich brauche diese Orte nicht mehr, um mich an dich zu erinnern.

Der Rabbiner hat mir erzählt: »Solange noch ein Mensch an einen Toten denkt, ist dieser Tote noch nicht endgültig gestorben.« Ich werde an dich denken, so lange ich lebe. Versprochen. Ich trage alles in mir. Alle Erinnerungen. Alle Gefühle. Unser Leben ist mein Geschwisterspeicher.

Die letzten Blätter hängen am Rosenstock. Zwei Blüten leuchten in der Herbstsonne. Adieu, Martin.

Silvester 2014

Ich öffne den Laptop und erhalte eine Nachricht meines Providers.

Terminerinnerung:
Geburtstag Martin Schäfer am Do., 31.12.2014
(UTC+1:00), ganztägig. GMX Kalender öffnen.

Danke für die Lebenszeit mit dir.

Ich liebe dich, Bruderherz.

Dank

Die Autorin dankt von Herzen ihrem Mutmacher,
Glücksmenschen und ihrer großen Liebe, Michel Friedman.

Ihrer wunderbaren Mutter Anne.
Der Fotografin Nicci Kuhn und ihrer endlosen Energie.
Ihrer Lektorin Christel Gehrmann.
Sowie: Monika, Britta, Souad, Sissi, Elke, Heide, Kerstin,
Sanny, Sami, Oscar.

Bibliografische Information der Deutschen Nationalbibliothek

Die Deutsche Nationalbibliothek verzeichnet diese Publikation
in der Deutschen Nationalbibliografie; detaillierte bibliografische
Daten sind im Internet über https://portal.dnb.de abrufbar.

Verlagsgruppe Random House FSC® N001967

2. Auflage, 2016
Copyright © 2016 Gütersloher Verlagshaus, Gütersloh,
in der Verlagsgruppe Random House GmbH,
Neumarkter Str. 28, 81673 München

Umschlagmotiv: © privat
Druck und Bindung: GGP Media GmbH, Pößneck
Printed in Germany
ISBN 978-3-579-08637-8

www.gtvh.de